Interesse Próprio vs. Altruísmo na Era Global

Como a sociedade pode mudar os interesses pessoais

em benefício mútuo

Laitman
Kabbalah
Publishers

Michael Laitman, PhD

Interesse Próprio vs. Altruísmo na Era Global: como a sociedade pode transformar o interesse próprio em benefício mútuo

Todos os direitos reservados
Publicado por Laitman Kabbalah Publishers
www.kabbalah.info info@kabbalah.info
1057 Steeles Avenue West, Suite 532, Toronto, ON, M2R 3X1, Canada
2009 85th Street #51, Brooklyn, New York, 11214, USA

Impresso no Canadá

Número de Controle da Biblioteca do Congresso: 2011910435

Consultores: Prof. Valeria Khachaturian, Prof. Itzhak Orion, Dr. Yael Sanilevich, Dr. Eli Vinokur, and Mr. Ronen Avigdor

Editora: Claire Gerus

Editores Associados: Alicia Goldman, Brad Hall, Charles Bowman, Dan Berkovitch, Eric Belfer, Gilbert Marquez, James Torrance, Keren Applebaum, Noga Burnot, Rachel Branson, Riggan Shilstone e Tom Dorben.

Capa e Design: Baruch Khovov

Produtor: Leah Goldberg

Editor Executivo: Chaim Ratz

Produtor e Editor: Uri Laitman

Primeira Edição: MARÇO 2012
Primeira Impressão

Índice

Nota do Editor .... ***Erro! Indicador não definido.***

Prefácio .... ***Erro! Indicador não definido.***

Introdução *9*

Capítulo 1: A Busca do Homem pela Unidade *11*

A Unidade Invisível que Prevalece 13

Capítulo 2: O Centro dos Desejos .... ***Erro! Indicador não definido.***

Gênesis 1

Capítulo 3: A Origem Comum da Humanidade 1

Como os Desejos se Tornam Mundos .... Erro! Indicador não definido.

Nomes Paralelos .... Erro! Indicador não definido.

Nascimento e Queda de Adão .... Erro! Indicador não definido.

Capítulo 4: O Universo e a Vida na Terra *1*

Um Big Bang 1

Capítulo 5: O Gênero Homo .... ***Erro! Indicador não definido.***

O Início do Ego .... Erro! Indicador não definido.

Capítulo 6: Em Direções Opostas .... ***Erro! Indicador não definido.***

Uma Pirâmide Dentro de uma Pirâmide .... Erro! Indicador não definido.

Capítulo 7: A Grande Mistura .... ***Erro! Indicador não definido.***

A Dispersão da Judeia .... Erro! Indicador não definido.

A Idade da Ocultação .... Erro! Indicador não definido.

Capítulo 8: O Renascimento e Além .... ***Erro! Indicador não definido.***

O Grande Despertar do Espírito Humano .... Erro! Indicador não definido.

Removendo o Véu do Segredo 1

Conectando e Comunicando .... Erro! Indicador não definido.

Capítulo 9: Um Mundo *1*

Ligações Invisíveis 1

Capítulo 10: A Idade da Livre Escolha .... ***Erro! Indicador não definido.***

Livre Escolha Obrigatória 1

A Estreia do *Zohar* .... Erro! Indicador não definido.

Capítulo 11: Um Novo Modus Operandi .... ***Erro! Indicador não definido.***

Colaboração e Realização Pessoal .... Erro! Indicador não definido.

Um de Dois Caminhos .... Erro! Indicador não definido.

Aplicando a Mudança à Vida .... Erro! Indicador não definido.

Bibliografia .... ***Erro! Indicador não definido.***

Notas .... ***Erro! Indicador não definido.***

Nota do Editor

O livro *Interesse próprio versus altruísmo na Era Global*, que visa explicar a evolução da existência, originalmente parecia um objetivo irreal. Parecia ser especialmente desafiador o ângulo que o livro iria tomar, em função da comunidade científica, bem como da cabalística. Com a ajuda de muitos amigos de todo o mundo, porém, concluímos a tarefa com êxito.

Eu sinto que é meu dever agradecer a cada um que contribuiu no projeto e peço desculpas se alguém foi omitido inadvertidamente. Na minha opinião, este livro é a criação de um grupo, ao invés de trabalho de alguns indivíduos proficientes, e é aí que reside o seu mérito.

Abaixo está a lista (em ordem alfabética) das pessoas que contribuíram com seu tempo, esforço e muitas vezes dinheiro para a realização deste livro global: Pesquisa e Revisão (ambos): Anastasia Cherniavski, Annabelle Fogerty, Asaf Ohayon, Asta Rafaeli, Avraham Cohen, Beth Shillington, Christiane Reinstrom, Crystlle Medansky, Daniel Lange, Eli Gabay, Geoffrey Best, James Torrance, Jonathan Libesman, Julie Schroeder, Kimberlene Ludwig, Loredana Losito, Markos Zografos, Marlene Bricker, Michael R. Kellogg, Michal Karpolov, Pete Matassa, Peter LaTona, Sandra Armstrong, Shari L. Kellogg, Veronica Mengana, Yehudith Sabal, and Zhanna Allen.

Editores: Alicia Goldman, Brad Hall, Charles Bowman, Dan Berkovitch, Eric Belfer, Gilbert Marquez, James Torrance, Keren Applebaum, Noga Burnot, Rachel Branson, Riggan Shilstone, and Tom Dorben.

Produção: Leah Goldberg

Administração: Avihu Sofer, Alex Rain (imagens).

Gostaria de expressar minha profunda gratidão a Profª Valeria Khachaturian, Profº Itzhak Orion, Dr. Yael Sanilevich, Dr. Eli Vinokur e Mr. Ronen Avigdor pela revisão das informações científica, histórica e financeira contidas neste livro.

E, finalmente, a Baruch Khovov, designer que se reportava a Claire Gerus, editora cujo trabalho sempre foi símbolo de qualidade para mim, e, logicamente, a Uri Laitman, nosso editor, cuja dedicação e diligência são inspiração para todos os que trabalham com ele.

Atenciosamente,

Chaim

Prefácio

Acho que todas as crianças passam por um período de fazer as "grandes" perguntas. As minhas foram: "De onde nós viemos?", "Para onde nós vamos quando já não estamos aqui?" e, especialmente, "Qual é o propósito da vida?". Talvez devido ao fato de que meus pais fossem médicos, eu me sentia naturalmente inclinado a buscar as respostas na ciência. E talvez porque eu estivesse procurando na ciência, as respostas que encontrei tinham natureza mais abrangente e geral.

Minha opção científica foi a Biocibernética médica, para ser exato. Isso se tornaria minha ferramenta de pesquisa. Na época, a Cibernética era um campo de novas e inovadoras pesquisas, permitindo aos cientistas explorar sistemas complexos e encontrar os mecanismos para controlá-los. Eu estava particularmente interessado no corpo humano e seus sistemas de controle. Com a Cibernética, eu tinha tentado desvendar o segredo da existência humana: o corpo e a alma que (assim eu acreditava) o habitava.

Minhas esperanças, porém, foram frustradas. Sim, a ciência me ensinou muito sobre a vida, ou melhor, sobre como uma nova vida começa e como é sustentada. Não me ensinou, no entanto, nada sobre as questões mais fundamentais do significado que conduziu minha pesquisa: o que é a vida e para que serve? O desejo de decifrar o significado da vida me manteve interessado, sondando cada fragmento de dados que eu pude encontrar. Eu continuei minha busca na ciência, na filosofia e até mesmo na religião, até ganhei uma infinidade de novos conhecimentos e compreensão da vida. Assim como na minha experiência inicial com a cibernética, nada disso, porém, parecia resolver questões mais profundas de significado e propósito.

E então um dia, de repente, cheguei à conclusão da minha longa busca, quando inesperadamente me deparei com o que, eu descobri mais tarde, seria uma ciência chamada "Cabalá". Em retrospecto, nenhuma parte da minha pesquisa foi redundante ou lamentável. Ciência, filosofia e religião foram todas "paradas" necessárias no meu caminho para a Cabalá, embora eu nunca tivesse parado em qualquer uma delas. Cada uma contribuiu para a minha compreensão acerca do sentido da vida e do propósito da existência humana; cada uma agora tem o seu lugar de direito na totalidade, e eu poderia acrescentar, como resultado de uma salutar visão de mundo que a Cabalá me ajudou a estabelecer.

Além disso, eu descobri uma conexão entre a finalidade da existência humana e as múltiplas crises globais que o mundo enfrenta agora. A partir da Cabalá, eu reconhecia a inevitabilidade dessas crises, a sua resolução inevitável em paz e prosperidade e a escolha livre que temos de fazer para resolvê-las — colaborando e cooperando, mas principalmente nos tornando conscientes de nossa unidade e interdependência. Mais importante que tudo isso, eu descobri que antigos conceitos cabalísticos sobre as relações humanas fornecem uma plataforma sobre a qual é possível construir sociedades viáveis que promovam tais relações amigáveis. O conceito de que as atuais ameaças globais são predeterminadas não é meu. Nem é minha a ideia de que as crises são um trampolim para uma realidade que ultrapassa nossos sonhos mais loucos. Ambas as noções têm existido por milênios, mas só agora começaram a vir à tona, porque é a primeira vez que certa condição necessária dupla foi atendida: as pessoas estão desesperadas o suficiente para buscar uma solução e há uma explicação bastante clara de que a solução está disponível. Quanto ao meu papel no desenrolar desses conceitos é o de servir como apresentador e facilitador. Por mais que eu acredite na validade dessas ideias, de modo algum, no entanto, posso reclamar direitos de propriedade sobre elas. São soluções e ideias que eu aprendi com meus professores ao longo dos anos.

Como eu espero mostrar nos próximos capítulos, a ciência contemporânea e o pensamento moderno agora tornam possível satisfazer essas condições e desvendar o paradigma antigo explicado na ciência da Cabalá. Graças à física quântica, que se atreveu a desafiar o paradigma newtoniano da realidade, podemos achar dignos de consideração conceitos como a "unidade da realidade". E graças à filosofia, que devotamente cultivou a ideia do pensamento livre, podemos agora compartilhar ideias e aprender uns com os outros. Assim, embora os conceitos que estou prestes a introduzir sejam inteiramente cabalísticos, vou mostrar que muitos deles têm paralelo com a ciência moderna. A minha esperança é de que, no espírito do pluralismo, eles sejam recebidos com mente e coração abertos. E se os pontos de vista aqui apresentados invocarem contemplação em apenas um leitor, serei totalmente recompensado.

Michael Laitman

Introdução

No momento em que estas palavras são escritas, o mundo ainda está se recuperando da mais longa recessão desde a Segunda Guerra Mundial. Dezenas de milhões de pessoas em todo o mundo perderam seus empregos, suas economias, suas casas, mas, o mais importante, suas esperanças para o futuro. Nossa saúde, ao que parece, não é mais saudável do que a nossa riqueza. A medicina moderna, orgulho e alegria da civilização ocidental, está às voltas com o reaparecimento de doenças que se acreditavam extintas. De acordo com um relatório publicado pelo Conselho de Saúde Global, "Doenças que se acreditava estarem sob controle têm novamente voltado como grandes ameaças globais. O surgimento de cepas resistentes de bactérias, vírus e outros parasitas coloca novos desafios para o controle das doenças infecciosas. Coinfecção com múltiplas doenças cria obstáculos para prevenção e tratamento de infecções."

A Terra, também, não é tão hospitaleira como antes. Livros como os de James Lovelock, *A Vingança de Gaia*, Ervin Laszlo, *O Ponto do Caos*, e filmes como o de Al Gore, *Uma verdade inconveniente*, são apenas três exemplos de uma cavalgada de relatórios alarmantes sobre a deterioração do clima da Terra . Como o aquecimento global derrete as calotas polares, o nível do mar sobe. Isso já causou mudanças dramáticas e trágicos acontecimentos. Um relatório da Stephan Faris na revista *Scientific American* lista alguns dos locais já afetados pela mudança climática. Em Darfur, os confrontos entre tribos nômades e sedentárias que estourou devido a uma seca de décadas se transformou em uma rebelião contra o descaso do governo sudanês. Posteriormente, a crise se espalhou para o Chade e a República Centro-Africana.

Também nesse relatório, a nação insular Kiribati, do Pacífico, declarou suas terras inabitáveis e pediu ajuda para evacuar sua população. Em março de 2009, Peter Popham, escritor de *The Independent*, forneceu outro ângulo para a situação do clima: "O aquecimento global está dissolvendo as geleiras alpinas tão rapidamente que a Itália e a Suíça decidiram que devem novamente desenhar suas fronteiras nacionais para ter em conta a nova realidade.".

Um resultado mais trágico da mudança climática é a fome, causada por secas prolongadas em algumas áreas e inundações constantes em outras. De acordo com o Programa Alimentar Mundial, cerca de um bilhão (1.000.000.000) de pessoas em todo o mundo está constantemente com fome. Pior ainda, mais de nove milhões (9.000.000) de pessoas morrem anualmente de fome e de causas relacionadas, mais da metade são crianças. Isso significa que hoje, na era mais avançada tecnologicamente da história da humanidade, uma criança morre a cada seis segundos devido à falta de comida e água.

Em nossas casas, os problemas são muitos também. O *New York Times* anunciou que, de acordo com um censo divulgado pelo American Community Survey, as taxas de divórcio aumentaram a tal ponto que hoje há mais casais não casados nos Estados Unidos do que casados. É a primeira vez na história que as famílias monoparentais são a norma, as de mãe e pai são a exceção. Muitos cientistas, políticos, ONGs e organizações ligadas à ONU alertam que a humanidade está enfrentando um risco de catástrofes sem precedentes em uma escala global. Qualquer coisa, desde a mutante gripe aviária até uma guerra nuclear ou um terremoto, poderia acabar com milhões e bilhões seriam levados à miséria.

Crises, no entanto, têm ocorrido ao longo da história. Nossa época não é a primeira em que a humanidade tem estado em risco. A pandemia da Peste Negra do século XIV e as duas Guerras Mundiais facilmente superam o perigo que a nossa situação atual apresenta. O que distingue a atual crise das anteriores, porém, é a tensão que caracteriza o estado atual da humanidade. Nossa sociedade tem ido ao extremo em duas direções que parecem entrar em conflito: a globalização e a interdependência de um lado, e o aumento da alienação e o narcisismo pessoal, social e político de outro. E isso é uma receita para um desastre como o mundo jamais viu, seja no setor financeiro ou para além dele.

Hoje a globalização nos diz respeito muito mais que a interdependência financeira. Tornamo-nos globalmente interligados em todos os domínios da vida: os computadores e TVs que usamos para nos entreter vêm (principalmente, mas não exclusivamente) da China, de Taiwan e da Coreia. Os carros que dirigimos são montadas (mais uma vez, principalmente) no Japão, na Europa e nos Estados Unidos, mas suas peças são feitas em muitos outros países. As roupas que vestimos muitas vezes chegam da Índia e da China, enquanto a comida em nossos refrigeradores vem de todo o mundo.

Além do mais, em todo o mundo as pessoas assistem a filmes de Hollywood e aprendem inglês aos milhões. De fato, dos cerca de 1,4 bilhões de falantes de inglês a nível mundial, apenas 450 milhões são falantes nativos, e só a China produz mais de 20 milhões de novos falantes de inglês a cada ano, relata o *Asia Times* em uma reportagem do dia15 de setembro de 2006, intitulada "Inglês nativo está perdendo seu poder".

Em 8 de março de 2009 o economista da Wachovia Corp, Mark Vitner, fez uma descrição bastante palpável da situação globalizada do mundo, quando descreveu a interconexão dos mercados de crédito na MSNBC: "É como tentar desembaralhar ovos mexidos. Isso não pode ser feito facilmente. Eu não sei se isso pode ser feito de alguma maneira."[i]

O problema com a globalização, no entanto, não é apenas que nos torna interligados, também nos torna *interdependentes*, e em vez de usarmos essas interconexões para prosperar, nos engajamos em um constante cabo de guerra. O que aconteceria com os países ricos em petróleo se o mundo de repente mudasse para as energias eólica e solar? O que aconteceria se a China parasse de comprar dólares dos Estados Unidos? O que aconteceria com China, Japão, Índia, Coreia se os americanos não tivessem dólares para comprar os bens produzidos na Ásia? E se os turistas ocidentais deixassem de viajar, o que seria das centenas de milhões de pessoas em todo o mundo que sustentam suas famílias graças ao hedonísmo ocidental ?

O jornalista Fareed Zakaria eloquentemente descreveu esse emaranhado em um artigo da *Newsweek*, intitulado "Saindo das carteiras: o mundo precisa dos norte-americanos gastando": "Se os deuses da economia me dissessem que eu poderia ter a resposta a uma pergunta sobre o destino da economia global (...) gostaria de perguntar 'Quando o consumidor americano começará a gastar novamente?'" Na verdade, nós nos tornamos uma aldeia global, totalmente dependentes uns dos outros para o nosso sustento.

A interdependência, no entanto, é apenas uma parte do quadro complicado de hoje. Embora estejamos crescendo cada vez mais globalizados, estamos também nos tornando cada vez mais centrados em nós mesmos ou, como os psicólogos Jean M. Twenge e Keith Campbell descrevem, "cada vez mais narcisistas". Em seu livro perspicaz, *A epidemia do narcisismo: vivendo na Era do Direito*, Twenge e Campbell falam sobre ao que eles se referem como "o aumento incessante do narcisismo em nossa cultura" e os problemas que ele causa. Eles explicam que "Os Estados Unidos estão atualmente sofrendo de uma epidemia de narcisismo. (...) traços de personalidade narcisista aumentaram tão rápido quanto a obesidade." Pior ainda, "O aumento do narcisismo está se acelerando, com pontuações crescendo mais rápido na década de 2000 do que em décadas anteriores. Em 2006, 1 em cada 4 estudantes universitários concordou com a maioria dos itens em uma medida padrão de traços narcísicos. Hoje, como o cantor Little Jackie coloca, muitas pessoas sentem que "sim senhor, todo o mundo deve girar em torno de mim."" No dicionário *Webster*, o narcisismo é definido como "egoísmo" e isso, claramente falando, significa que nos tornamos insuportavelmente egoístas.

Assim, nosso problema é duplo: por um lado, somos interdependentes; por outro lado, estamos nos tornando cada vez mais narcisistas e alienados. Estamos tentando levar duas formas de vida que simplesmente não se encontram: a interdependência e a alienação. Talvez seja por isso que passemos incontáveis horas conversando com "amigos virtuais" em redes sociais *online*, mas sejamos muitas vezes frios e insensíveis com nossos parentes em casa. Se fôssemos simplesmente interdependentes, gostaríamos de nos unir, apoiar uns aos outros e ser felizes. Alternativamente, se fôssemos simplesmente egoístas, separar-nos-íamos e viveríamos por nós mesmos. Mas se nós somos interdependentes e egoístas, nenhuma das duas formas funciona!

E esta é, em essência, a raiz da crise: a nossa interdependência exige de nós que trabalhemos juntos, mas o nosso egoísmo nos leva a enganar e explorar uns aos outros. Como resultado, os sistemas de cooperação que trabalhamos tão duro para construir se quebram, levando a contínuas crises.

Assim, o objetivo deste livro é duplo: 1) lançar luz sobre a causa da nossa interdependência, por um lado, e nosso egocentrismo, por outro, e 2) descrever brevemente um *modus operandi* viável para combinar essas características aparentemente conflitantes em nosso benefício. Para abordar o primeiro objetivo, vou explicar o que eu aprendi na Cabalá sobre a estrutura da Natureza e, particularmente, sobre a natureza humana. Para abordar o segundo objetivo, vou combinar as ideias do grande Cabalista do século 20, Yehuda Ashlag, assim como as de outros grandes Cabalistas, com sugestões de cientistas contemporâneos e estudiosos de outras disciplinas.

Na Sabedoria da Cabalá, descobri o que eu acredito ser uma solução viável para os problemas globais atuais e me sinto grato por me ter sido dada a oportunidade de apresentá-la. É minha esperança e, posso dizer, convicção de que, a partir dos conceitos que a Cabalá oferece, possamos salvar a nós mesmos, bem como a Grande Bola Azul na qual vivemos.

Capítulo 1: A Busca do Homem pela Unidade

Quando a pior crise financeira desde a Grande Depressão eclodiu em agosto de 2008, muitos políticos e financistas em posições-chave enfatizaram a necessidade de unidade e cooperação. Eles expressaram a necessidade de conter o quadro egocêntrico da mente dominando Wall Street e expressaram um medo de tendências separatistas e protecionistas. Manchetes como a de *The Economic Times*, "Líderes Mundiais Procuram a Unidade para o Combate à Crise Financeira", prevaleceram em jornais de todo o mundo, sinalizando uma disposição geral para a união e cooperação diante da incerteza econômica.

À primeira vista, esse espírito é compreensível, senão necessário. Afinal, financistas do mundo sabiam que suas instituições estavam ligadas entre si tão firmemente que, se uma falhasse, as outras falhariam também, e os políticos foram advertidos de que, se não salvassem os bancos em seus países, suas próprias economias entrariam em colapso, precipitando um efeito dominó que faria a economia global despencar.

Frente a uma crise, no entanto, é natural fazer o oposto da união: fechar-se e proteger o que é seu. Essa parece ser uma rota mais segura do que unir forças com "estrangeiros", especialmente quando os estrangeiros podem ser considerados culpados ou, pelo menos, colaboradores na ocorrência dessa situação.

Assim, os Estados Unidos — país geralmente considerado como principal perpetrador do surto e da rápida escalada da crise financeira — não sofrem de isolamento, porque a interconexão da economia mundial obriga economias como a da China a comprar dólares e, dessa forma, prover o sustento da economia americana.

Para os políticos, parece mais natural colocar seus países em primeiro lugar, como revelam as tarifas British Corn Laws, do século XIX, e o ato Buy American, do Presidente Hoover, de 1933. Como o delicado equilíbrio entre cooperação e interesses próprios ocila para frente e para trás, investigamos a destruição causada pela crise financeira e descobrimos que a maioria das vozes clama por união e denuncia o protecionismo e a separação. Por que isso acontece?

Se considerarmos essa questão por um aspecto puramente econômico ou psicológico, não chegaremos a uma resposta conclusiva. Quando a analisamos a partir da perspectiva da ciência da Cabala, vemos, no entanto, que as forças envolvidas nas relações internacionais, e na verdade em qualquer relação, são forças de integração, não de isolamento. Elas são muito mais poderosas do que qualquer processo racional ou irracional na tomada de decisão e determinam os nossos movimentos "nos bastidores".

Em nível internacional, essas forças determinam comércio globalizado, política, tratados, conflitos e ecologia. Em nível nacional, determinam tendências em educação, política social, mídia e economia local. Em nível pessoal, elas determinam nossas relações com nossas famílias e, no nível mais profundo da existência, determinam a evolução — a nossa e a de todos os outros elementos da Natureza.

Quando compreendermos essas forças, entenderemos por que Napoleão, por exemplo, mordeu mais do que podia mastigar quando tentou conquistar a Rússia, por que Hitler fez o mesmo (e no mesmo país), e por que Bernard Madoff não parou até ser detido. A síndrome da "ponte longe demais" é uma armadilha tipicamente humana a que os maiores líderes do mundo e os futuros líderes não conseguem resistir. De fato, as forças que nos levam a nos comportar como o fazemos são tão parte de nós e de nosso mundo que não reconhecê-las é um risco que não devemos correr.

Para compreender as forças e os elementos que criam a realidade e alteram seu curso, é preciso primeiramente conhecer suas origens e seus destinos finais. Caso contrário, tentar compreender a realidade é como tentar compreender o funcionamento interno do motor de um carro, a conexão com a embreagem, a maneira como a embreagem muda a velocidade das rodas, e assim por diante, sem explicar que um carro é uma máquina construída para transportar pessoas com segurança, conforto e rapidamente de um lugar A para um lugar B. Sem explicar o propósito do carro, de que adianta discutir sua estrutura?

Como a ciência, a Cabalá investiga o funcionamento interno da realidade. Diferentemente da ciência, porém, que observa os fenômenos e oferece teorias quanto a seu objetivo final, a Cabalá vê primeiro o objetivo e, a partir daí, explica a estrutura. Esse objetivo, como explica a Cabalá, é que cada pessoa no mundo descubra a força única e fundamental que cria e governa toda a vida. Em outras palavras, o objetivo da Cabalá é que cada pessoa descubra a força criativa da vida, a obtenha e colha todos os benefícios que essa descoberta implica.

O Cabalista do século XX, Yehuda Ashlag, conhecido como Baal HaSulam (Dono da Escada) por seu *Sulam* (Escada), comentário sobre *O Livro do Zohar*, descreveu a Cabalá e o propósito da vida da seguinte maneira: "Esta sabedoria é nada mais, nada menos do que uma sequência de raízes, que pendem por meio de causa e consequência, por regras fixas e determinadas, entrelaçadas com um objetivo único e elevado, descrito como 'a revelação do Criador para as criaturas neste mundo'".

Nossas vidas são o veículo para alcançarmos esse propósito. Por isso os Cabalistas respeitam os fenômenos do nosso mundo físico, histórico e social como fases em direção a um objetivo final, e é dessa perspectiva que este livro irá discutir a história da humanidade e seu estado atual.

A Unidade Oculta Que Prevalece

A Cabalá não é certamente a única ciência que investiga as forças ocultas da Natureza que operam em nosso mundo nos bastidores. De acordo com a *Enciclopédia Britânica*, "a teoria da mecânica de Newton, conhecida como mecânica clássica, representou com precisão os efeitos das forças em todas as condições conhecidas em seu tempo. (...) A teoria já foi modificada e ampliada pelas teorias da mecânica quântica e da relatividade." Em outras palavras, fazendo uma generalização grosseira, a ciência do século XX já não estava satisfeita com a teoria de Newton, por ser insuficiente para explicar todos os fenômenos observados na Natureza.

Na segunda metade do século XX, os cientistas perceberam que as novas teorias também ficaram aquém de explicar todos os fenômenos da Natureza. Isso provocou uma busca por uma Grande Teoria Unificada (GUT). "O sonho dos teóricos [da física]", segundo a *Enciclopédia Britânica*, "é encontrar uma teoria totalmente unificada, a teoria do tudo, ou TOE."[iii]

No que parece um paralelo com a busca do TOE, muitos proeminentes físicos teóricos começaram a postular que, no nível mais fundamental, nós e todas as partes da realidade somos realmente um. O pioneiro físico teórico Werner Heisenberg disse: "Há um erro fundamental em separar as partes do todo, o erro de atomizar o que não deve ser atomizado. Unidade e complementaridade constituem a realidade."[iiii]

Contemporâneo de Heisenberg, seu companheiro e cofundador da física quântica, Erwin Schrödinger afirmou em seu ensaio "A Visão Mística": "A pluralidade que percebemos é apenas uma aparência, não é real." Até mesmo o grande Albert Einstein, em carta datada de 1950, declarou: "Um ser humano é parte do todo chamado por nós de universo. (...) Experimentamos a nós mesmos, nossos pensamentos e sentimentos como algo separado do resto, uma espécie de ilusão de ótica da consciência."[iv]

Para provar, no entanto, que todas as partes da realidade são manifestações de um todo único, ou desenvolvendo o TOE que se aplica a todas as partes da realidade, seria necessário um paradigma que funcionasse em todos os níveis da vida física, mental e intelectual. E aqui os físicos estão fora de sua alçada. Mesmo os físicos teóricos mais inovadores não conseguem explicar todos os fenômenos observados da Natureza.

Em particular, uma explicação completa do fenômeno chamado "consciência" ilude cientistas de todos os campos. A consciência, porém, não está somente presente, mas, invariavelmente, afeta os resultados de experimentos científicos. A esse respeito, Dr. Johnston Laurance, ex-diretor do Instituto Nacional de Saúde Infantil e Desenvolvimento Humano, publicou a seguinte declaração em um ensaio *online,* intitulado "Ciência Objetiva: Um Oxímoro Inerente": "Todas as observações científicas, mesmo em seu nível mais fundamental, são afetadas pela consciência do observador. Assim, a declaração 'ver para crer' faz mais sentido do que aparenta. Numerosos estudos têm mostrado que a consciência exerce uma influência significativa em muitas questões diferentes, que vão desde o crescimento de bactérias até a evolução de pacientes cardíacos."[v]

Nesse ensaio, Dr. Laurance citou vários outros cientistas e pensadores que compartilham essa visão, como o neurologista Jean Martin Charcot, do século XIX, considerado o pai da neurologia moderna: "Em última análise, vemos apenas o que nós estamos prontos para ver, o que temos sido ensinados a ver. Eliminamos e ignoramos tudo o que não faz parte de nossos preconceitos."

Nesse sentido, se a observação científica afeta, distorce ou elimina completamente o fenômeno a ser observado, como a ciência pode ser considerada cem por cento precisa?

Além disso, algum fenômeno pode ser plenamente compreendido se pelo menos um fator chave de influência, a consciência, não é sujeito de estudo e observação?

É aí que a filosofia entra para complementar a ciência e preencher as lacunas da incerteza. Muitos grandes pensadores fizeram isso ao expressar o conceito de "unicidade da realidade". Zenão de Cício, o grande filósofo grego do século IV a.C., declarou: "Todas as coisas são partes de um único sistema, que é chamado Natureza."[vi]

Da mesma forma, o filósofo e matemático alemão WG Leibniz expressou-se assim, em *Escritos Filosóficos de Leibniz*: "A realidade não pode ser encontrada exceto em uma única fonte, por causa da interligação de todas as coisas entre si."[vii]

Certamente seria muito bom poder acreditar nessa imagem perfeita de unidade e interligação entre todas as coisas. Apesar da grande eloquência dos filósofos, um autêntico pesquisador da verdade dificilmente aceitaria uma ideia apenas porque "soa" bonita ou verdadeira. No final, o único teste verdadeiramente válido para uma teoria ou um conceito é *a experiência pessoal de cada um*.

Afinal, o que parece válido e verdadeiro para um pode parecer completamente falso para outro. Se você projeta um raio de luz através de um prisma, ele irá separar a luz em todas as cores do arco-íris. Se, no entanto, a pessoa para quem você está mostrando isso é monocromática, não farão diferença os nomes que você dá aos tons de cinza que ela verá. Para essa pessoa, todos eles serão cinzas. Da mesma forma, tão certos como os físicos e filósofos podem estar em suas observações sobre a unicidade e indivisibilidade da realidade, para aceitar essa unidade como um fato, as pessoas devem *experimentar* por si próprias.

Enquanto experimentar a unidade da realidade pode parecer mística para muitos, as citações acima provam que muitos proponentes dessa visão são reverenciados cientistas, alguns até ganhadores do Prêmio Nobel. Na verdade, a necessidade de uma visão mais completa e uniforme da realidade não surgiu com o advento da física quântica, nem mesmo com Einstein. Em 1879, o químico e físico inglês William Crookes declarou: "Nós temos realmente tocado a fronteira onde a matéria e a força parecem se fundir (...) Atrevo-me a pensar que os maiores problemas científicos do futuro serão encontrar a solução nessa região fronteiriça, e mesmo além; aqui me parece residirem as mais recentes realidades, sutis, longe do alcance, maravilhosas."[viii]

Na verdade, a partir de minhas pesquisas na ciência em geral e na Cabalá em particular, descobri que a intuição de Crookes foi por água abaixo, porque, como expliquei anteriormente, a Cabalá observa o objetivo final em primeiro lugar e só então explica a estrutura. E porque a realidade é o veículo com o qual atingimos esse objetivo, a Cabalá é inerentemente uma Grande Teoria Unificada, uma Teoria do Tudo, que tanto nos permite compreender o escopo completo da realidade, como de fato experimentar sua unidade.

O Precursor da Babilônia

Antes de nos aprofundarmos nos princípios desta Grande (e de fato) Unificada Teoria chamada Cabalá, devemos primeiramente entender como ela se originou e dar o devido crédito a seu "progenitor". Vamos, por um momento, fazer uma viagem de volta no tempo para a Mesopotâmia antiga, o berço da civilização. Há cerca de quatro mil anos atrás, situada em uma faixa de terra vasta e fértil entre os rios Tigre e Eufrates no que hoje é o Iraque, uma cidade-estado chamada Babel foi palco de uma civilização florescente. Movimentada com vida e ação, ela era o centro do comércio de todo o mundo antigo.

Babel, o coração da civilização dinâmica que hoje chamamos de "antiga Babilônia", era um caldeirão e o cenário ideal para sistemas de crenças e ensinamentos diversos. Seu povo praticava a adoração de ídolos de muitos tipos e, entre as pessoas mais reverenciadas em Babel, havia um sacerdote chamado Abraão, que era uma autoridade local na prática da adoração de ídolos, como era seu pai, Terah.

Abraão, no entanto, possuía uma qualidade muito especial: ele era invulgarmente perspicaz e, como todos os grandes cientistas, zelava pela verdade. O grande estudioso do século XII, Maimônides (também conhecido como Rambam), descreveu em seu livro *A mão poderosa* a determinação de Abraão e seus esforços para descobrir verdades da vida: "Desde que este homem vigoroso foi desmamado, ele começou a se perguntar. (...) Ele começou a refletir sobre o dia e a noite e ele se perguntou como era possível que essa roda sempre rodasse sem condutor. Quem a faz rodar, já que não pode rodar sozinha? E ele não tinha nem professor, nem um tutor. Em vez disso, ele estava recluso em Ur dos Caldeus entre adoradores de ídolos analfabetos, com sua mãe e seu pai e todo o povo adorando estrelas, e ele adorando junto a eles."[ix]

Em sua busca, Abraão soube o que existe além da fronteira que Crookes descreveu tantos séculos mais tarde. Ele encontrou a unidade, a unidade da realidade que Heisenberg, Schrödinger, Einstein, Leibniz e outros sentiram intuitivamente. Nas palavras de Maimônides, "Ele [Abraão] alcançou o caminho da verdade e entendeu a linha de justiça com sua própria e correta sabedoria. E ele sabia que lá há um só Deus que conduz (...) e que Ele criou tudo, e que em tudo o que existe, não há outro Deus senão Ele."[x]

Para interpretar esses trechos corretamente, é importante notar que, quando os Cabalistas falam de Deus, o termo não possui o mesmo significado religioso de um ser todo-poderoso que se deve adorar, satisfazer e apaziguar e que, em recompensa, dá aos crentes saúde, riqueza, vida longa ou tudo isso. Em vez disso, os Cabalistas identificam Deus com a Natureza, toda a Natureza. As declarações mais inequívocas sobre o significado do termo "Deus" foram feitas por Baal HaSulam, cujos escritos explicam que Deus é sinônimo de Natureza.

Por exemplo, em seu ensaio "A Paz", ele escreve (em um trecho ligeiramente editado): "Para evitar ter de usar as duas línguas a partir de agora, Natureza e um Supervisor, entre os quais, como já demonstrado, não há diferença (...) é melhor para nós (...) aceitarmos as palavras dos Cabalistas que HaTeva (A Natureza) é o mesmo (...) que Elokim (Deus). Então, eu vou ser capaz de chamar as leis de Deus 'mandamentos da Natureza', e vice-versa, porque são uma e a mesma coisa, e não precisamos discutir o assunto mais."[xi]

"Aos 40 anos de idade", escreve Maimônides, "Abraão veio a conhecer o seu Criador", a única lei da Natureza, que cria todas as coisas. Abraão, porém, não guardou isso para si mesmo: "ele começou a dar respostas ao povo de Ur dos Caldeus e a conversar com eles e a dizer-lhes que o caminho em que eles estavam andando não era o caminho da verdade." Como Galileu, depois dele, e muitos outros grandes precursores ao longo da história, Abraão foi confrontado pelo que estava estabelecido, que, em seu caso, era Nimrod, o rei de Babel.

Midrash Rabbah, um antigo texto escrito por sábios hebreus na século V d.C., apresenta uma vívida descrição de um confronto de Abraão com Nimrod, bem como uma divertida passagem acerca do elevado fervor de Abraão. "Terah [pai de Abraão] era um adorador de ídolos [que também ganhava a vida construindo e vendendo as estátuas na loja da família]. Uma vez ele foi para um determinado lugar e disse a Abraão para se sentar ali com ele. Um homem entrou e quis comprar uma estátua. Ele [Abraão] lhe perguntou: 'Quantos anos você tem?' E o homem respondeu: 'cinquenta ou sessenta'. Abraão lhe disse: 'Ai daquele que tem sessenta anos e adora uma estátua com apenas dias de vida.' O homem ficou envergonhado e saiu."

"Em outra ocasião, uma mulher chegou com uma tigela de semolina. Ela lhe disse: 'Eis aqui o sacrifício perante as estátuas.' Abraão levantou, pegou um martelo, quebrou todas as estátuas e colocou o martelo nas mãos da maior delas. Quando seu pai chegou, lhe perguntou: 'Quem fez isso com elas?' Ele [Abraão] respondeu: 'Uma mulher veio com uma tigela de semolina e me disse para sacrificar perante elas. Eu sacrifiquei, e uma delas disse: 'Vou comer primeiro', e a outra disse: 'Vou comer primeiro.' A maior se ergueu, pegou o martelo e quebrou as outras.' Seu pai disse: 'Você está me enganando? O que elas sabem?' E Abraão respondeu: 'Será que seus ouvidos ouvem aquilo que a sua boca está dizendo?'

Nesse momento, Terah sentiu que não podia mais disciplinar seu filho impertinente. "Ele [Terah] levou [Abraão] e entregou-o a Nimrod [que não era apenas rei de Babel, mas também proficiente nas práticas e crenças locais]. Ele [Nimrod] lhe disse: 'Adore o fogo.' Abraão respondeu: 'Eu deveria adorar a água, que extingue o fogo?' Nimrod respondeu: 'Culte a água!' Ele lhe disse: 'Então eu deveria adorar a nuvem, que transporta a água?' Ele lhe disse: 'Culte a nuvem!' Ele [Abraão] lhe disse: 'Nesse caso, eu deveria adorar o vento, que dispersa as nuvens?' Ele lhe disse: 'Adore o vento.' Ele [Abraão] lhe disse: 'E se nós adorarmos o homem, que se submete ao vento?' Ele [Nimrod] lhe disse: 'Você fala demais, eu adoro só o fogo. Eu vou jogá-lo nele e deixar que o Deus que você adora venha salvá-lo!'

Haran [irmão de Abraão] estava lá. Ele disse: 'Em qualquer caso, se Abraão vencer, eu vou dizer que concordo com Abraão, e se Nimrod tiver a vitória, vou dizer que concordo com Nimrod.' Desde que Abraão desceu ao forno e foi salvo, perguntaram a ele [Haran]: 'Com quem você está?' Ele lhes disse: 'Eu estou com Abraão.' Eles o levaram e o jogaram no fogo, e ele morreu na presença de seu pai. Assim foi dito: 'E morreu Harã, na presença de seu pai, Terah'".[xii]

Assim, Abraão resistiu com sucesso a Nimrod, mas foi expulso da Babilônia e partiu para a terra de Haran (pronuncia-se Charan, para distinguir de Haran, filho de Terah).

Abraão, o precursor de Babilônia, porém, não impediu a circulação de sua descoberta só porque foi exilado da Babilônia. Descrições elaboradas de Maimônides nos dizem: "Ele começou a falar para o mundo inteiro, para alertá-los de que há um só Deus para o mundo inteiro (...) Ele contava para todos, vagando de cidade em cidade e de reino em reino, até que chegou à terra de Canaã (...)

E uma vez que elas [as pessoas nos lugares em que ele vagava] se reuniam em torno dele e lhe perguntavam sobre suas palavras, ele ensinou a todos (...) até que ele as trouxe de volta ao caminho da verdade. Por fim, dezenas de milhares reunidos em torno dele, e eles são as pessoas da casa de Abraão. Ele plantou esse princípio em seus corações, escreveu livros sobre isso e ensinou ao seu filho, Isaac. E Isaac sentou-se e ensinou e advertiu e informou Jacob e nomeou-o professor para se sentar e ensinar (...) E Jacó, o Patriarca, ensinou a todos os seus filhos e separou Levi e nomeou-o como cabeça e mandou-o sentar-se e aprender o caminho de Deus (...)"[xiii]

Para garantir que a verdade fosse levada através das gerações, Abraão "ordenou a seus filhos para não cessarem de fazer nomeação após nomeação, dentre os filhos de Levi, de modo que o conhecimento não fosse esquecido. Isso continuou e se expandiu nos filhos de Jacó e naqueles que os acompanhavam."[xiv]

O resultado surpreendente desses esforços foi o nascimento de uma nação que sabia as mais básicas leis da vida, a Teoria de Tudo: "E uma nação que conhece o Criador foi feita no mundo"[xv]

De fato, Israel não é apenas o nome de um povo. Em hebraico, a palavra Israel (*Ysrael*) consiste de duas palavras: *Yashar* (reto, direto) e *El* (Deus). Israel designa a mentalidade de querer descobrir a lei da vida, o Criador. Em outras palavras, Israel não é uma atribuição genética, é sim o nome ou a direção do desejo que levou Abraão a suas descobertas. Geneticamente, os israelitas eram em sua maioria babilônios, bem como membros de outras nações que se juntaram ao grupo de Abraão. Isso era óbvio para os antigos israelitas. Como Maimônides escreveu, eles tinham os seus professores, os Levis, e foram ensinados a seguir as leis essenciais da vida.

Hoje, no entanto, não estamos cientes do fato de que "Israel" refere-se ao desejo de conhecer a lei básica da vida, o Criador, e não a uma linhagem genética. Quase 2000 anos de ocultação da verdade, desde a ruína do Segundo Templo, praticamente eliminaram a verdade de que a Cabalá, a ciência que ensina a Natureza (de Deus), ou seja, a unidade, é para todas as pessoas no mundo, assim como Abraão direcionou esse conhecimento para todo o povo em Babel e mais tarde "começou a falar para o mundo inteiro", como descrito por Maimônides.

Através dos anos, apenas Cabalistas mantiveram essa verdade viva. Cabalistas como Elimelech de Lizhensk,[xvi] Shlomo Ephraim Luntschitz,[xvii] Chaim ibn Attar,[xviii] Baruch Ashlag[xix] e muitos outros escreveram em palavras claras: *Ysrael* significa *Yashar El* (Israel significa direto para Deus).

Além disso, a necessidade de descobrir essa força, que descreveremos nos capítulos seguintes, é tão pertinente hoje como sempre. Nada mudou na Natureza desde a época de Abraão, e a lei de unidade e unicidade ainda é a única força que cria, rege e sustenta a vida.

Na verdade, a nossa necessidade de saber é, hoje, mais pertinente do que nunca, porque, no tempo de Abraão, a humanidade teve inúmeras estradas pelas quais se dispersou e terra de sobra para habitar. Hoje, no entanto, temos uma comunidade global, e cada crise ocorre em uma escala global. Os erros que cometemos cobram seu preço em todo o mundo. A descoberta de Abraão nos ajuda a adicionar força de vida aos nossos cálculos e planos, o que a torna fundamental, a informação que salva vidas.

A força que Abraão descobriu e descreveu a seus alunos é a própria força que levou Napoleão a conquistar mais do que ele poderia governar e que ainda está conduzindo a China a se globalizar ao invés de se isolar. Essa força, no entanto, também está por trás das vozes que saúdam o protecionismo e a separação. Em um mundo global, o protecionismo pode significar o fim da nossa civilização. Nossa única esperança é unir-nos, porque a unidade é a direção da força que impulsiona toda a vida. Nosso desafio, portanto, é aprender a nos unir. É possível e plausível, mas, em um momento de crise, será necessário reconhecer a força de vida, gerar um esforço mútuo de cooperação e colaboração e viver pelos ditames dessa lei.

[i] Associated Press, "Recession will likely be longest in postwar era" MSNBC (March, 2009), http://www.msnbc.msn.com/id/29582828/wid/1/page/2/

[ii] "A Theory of Everything," "Subatomic Particle," *Encyclopædia Britannica*, http://www.britannica.com/EBchecked/topic/570533/subatomic-particle/254800/A-theory-of-everything

[iii] Werner Heisenberg, quoted by Ruth Nanda Anshen in *Biography of an Idea* (USA: Moyer Bell, 1987), 224

[iv] Alice Calaprice, *The New Quotable Einstein* (USA: Princeton University Press, 2005), 206

[v] Laurance Johnston, "Objective Science: An Inherent Oxymoron" (April 2007), http://brentenergywork.com/OBJECTIVE_SCIENCE_ARTICLE.htm

[vi] Bertrand Russell, *History of western Philosophy* (London: Routledge Classics, 2004), 243

[vii] Gottfried Wilhelm Leibniz, *Leibniz: Philosophical Writings* (UK: Dent, Rowman and Littlefield, 1991), 37

[viii] Ernst Lehrs, *Man or Matter* (London: Rudolf Steiner Press; 2nd edition, June 1985), 58-9

[ix] Rav Moshe Ben Maimon (Maimonides), *Mishneh Torah* (*Yad HaChazakah* (*The Mighty Hand*)), Part 1, "The Book of Science," Capítulo 1, Item 1

[x] Rav Moshe Ben Maimon (Maimonides), *Mishneh Torah* (*Yad HaChazakah* (*The Mighty Hand*), Part 1, "The Book of Science," Capítulo 1, Item 3

[xi] Yehuda Ashlag, "The Peace," in *Kabbalah for the Student*, ed. Gilad Shadmon, trans. Chaim Ratz (Canada: Laitman Kabbalah Publishers, 2009), 265

[xii] *Midrash Rabbah*, *Beresheet*, Portion 38, Item 13

[xiii] Rav Moshe Ben Maimon (Maimonides), *Mishneh Torah* (*Yad HaChazakah* (*The Mighty Hand*), Part 1, "The Book of Science," Capítulo 1, Item 3

[xiv] Rav Moshe Ben Maimon (Maimonides), *Mishneh Torah* (*Yad HaChazakah* (*The Mighty Hand*), Part 1, "The Book of Science," Capítulo 1, Item 3

[xv] Rav Moshe Ben Maimon (Maimonides), *Mishneh Torah* (*Yad HaChazakah* (*The Mighty Hand*), Part 1, "The Book of Science," Capítulo 1, Item 3

[xvi] Elimelech of Lizhensk, *Noam Elimelech* (*The Pleasantness of Elimelech*), *Likutei Shoshana* ("Collections of the Rose") (First published in Levov, Ukraine, 1788), obtained from http://www.daat.ac.il/daat/vl/tohen.asp?id=173

[xvii] Shlomo Ephraim Luntschitz, *Keli Yakar* [*Precious Vessel*]

xviii Chaim ibn Attar, *Ohr HaChaim* [*Light of Life*], *Bamidbar* [Numbers], Capítulo 23, Item 8, https://sites.google.com/site/magartoratemet/tanach/orhahaym

xix Baruch Shalom Ashlag (Rabash), *The Writings of Rabash*, Vol. 1, Article no. 9, 1988-89 (Israel: Ashlag Research Institute, 2008), 50, 82, 163

Capítulo 2: O NÚCLEO DOS DESEJOS

A importância da descoberta de Abraão não reside tanto em sua inovação científica ou conceitual, embora, em seu tempo, ambas tenham sido absolutamente radicais. Em vez disso, o principal significado de sua descoberta reside no seu aspecto social.

Na verdade, a motivação de Abraão para fazer as perguntas que no final levaram a sua descoberta foi tanto social como intelectual. Ele notou que o povo da cidade estava se tornando cada vez mais alienado. Por um longo tempo, os babilônios nutriram uma sociedade próspera que permitiu que vários sistemas de crenças e ensinamentos coexistissem em harmonia. No tempo de Abraão, porém, as pessoas estavam ficando intolerantes, vaidosas e alienadas umas das outras, e Abraão perguntava-se por quê.

A partir de suas perguntas e observação da natureza, ele percebeu que o mundo que aparece aos nossos sentidos é apenas uma cobertura superficial que cobre uma interação complexa e magnífica de forças. Quando essas forças se entrelaçam de certa forma, induzem determinado tipo de realidade física ou emocional a aparecer, tais como nascimento, morte, guerra, paz e todos os estágios que permeiam isso. Essa interação não existe apenas em grande escala como entre os países, mas em cada elemento da vida, desde o subatômico até o interestelar, desde o pessoal ao internacional. Na última parte deste livro vou explorar as implicações sociais das descobertas de Abraão, mas para isso precisamos entender mais acerca da natureza das descobertas em si mesmas.

O processo de pensamento de Abraão para descobrir essas forças é evidente em suas perguntas, que para ele foram, como Neil Postman coloca em *O Fim da Educação*, "os principais instrumentos intelectuais disponíveis para os seres humanos."[38] Nos escritos de Maimônides, Abraão pergunta: "Como foi possível para esta roda [da realidade] sempre girar sem condutor? Quem a está movendo, já que não pode girar sozinha?"[39] Mais tarde, suas percepções ajudaram a derrotar Nimrod no debate, quando Nimrod continuava lhe ordenando que servisse este ou aquele elemento, e Abraão continuava mostrando-lhe que esses elementos eram todos ramos de algo maior, sem poder real em neles próprios.

"Assim, a partir de repetidas reflexões e observações, Abraão percebeu o que realmente faz o mundo girar" e, como todas as grandes verdades, era muito simples: desejos, dois desejos, para ser exato. Um deles é o desejo de doar e o outro, o desejo de receber. "A interação entre esses desejos é o que faz o mundo girar", é a roda que move todas as coisas e a força que cria todos os fenômenos. Na terminologia cabalística, o desejo de doar é referido como "Seu desejo [do Criador] de fazer o bem a Suas criações"[40], e o desejo de receber é descrito como "o desejo de receber deleite e prazer"[41]. Para encurtar, os Cabalistas se referem a eles como "desejo de doar" e "desejo de receber".

Essa constatação simples é o que Abraão estava tentando transmitir a seus colegas babilônios, mas Nimrod procurou impedi-lo de fazer isso ao tentar matá-lo. E quando não conseguiu o que queria, mandou-o embora.

Infelizmente, com a deportação de Abraão, o espírito de camaradagem e união da Babilônia não foi restaurado. Finalmente, "O Senhor [Criador, Natureza] confundiu a linguagem de toda a terra e dali o Senhor os espalhou sobre a face de toda a terra" (Gênesis 11:9).

Isso não aconteceu aos babilônios, porque um vingativo e poderoso velho homem chamado "O Senhor" nutria rancor contra eles. Isso aconteceu a eles, porque os desejos que Abraão descobriu possuíam determinado sentido de evolução. Não há interação aleatória aqui, mas um conjunto de regras que se desdobram por uma ordem rígida de causa e efeito.

Quando Abraão descobriu essas regras, percebeu que seu povo local estava indo na direção errada, o que só poderia levá-los à futura destruição, por isso ele tentou o seu melhor para avisá-los. Como veremos, esses desejos são tão perpétuos e tão rígidos quanto a gravidade ou os polos positivo e negativo de um ímã. Como a gravidade e os polos do ímã, porém, ambas as forças podem ser usadas para trabalharem em nosso benefício.

Para entendermos a semelhança entre o estado atual da humanidade e o estado da sociedade babilônica e, portanto, a relevância da descoberta de Abraão para a crise global da atualidade, precisamos entender a direção em que os dois desejos evoluíram. E para isso precisamos começar pelo início.

Gênesis

Em seu livro *A Árvore da Vida*, o grande Cabalista do século XVI, Isaac Luria (o Ari), fundador da Cabalá Luriânica, hoje escola predominante da Cabalá, escreveu: "Saiba que antes de as emanações serem emanadas e as criaturas criadas, uma Luz Superior, Simples preenchia toda a realidade. E não havia lugar vago, como uma atmosfera vazia e um vazio, mas tudo era preenchido pela Luz simples e ilimitada."[42]

Desde então, apenas um Cabalista se aventurou a escrever uma explicação abrangente acerca dessas frases profundas, como também introduziu um comentário completo sobre *O Livro do Zohar*: o Cabalista Rav Yehuda Ashlag, Baal HaSulam. Em seu comentário de seis volumes sobre os escritos do Ari, conhecido como *Talmud Eser Sefirot* (*O Estudo das Dez Sefirot*), Baal HaSulam explica que a Luz à qual o Ari se refere é "Todas as sensações agradáveis e concepções neste mundo."[43] Ele também define "Luz" como "tudo, com exceção da substância dos vasos [desejo de receber]."[44]

Em outras palavras, existem apenas dois "seres" na existência: o desejo de doar, que Ashlag define como "luz", "Criador" ou "prazer", e o desejo de receber prazer, de deleitar-se, que ele chama de "um vaso", "a criatura" ou "o ser criado." Para entender como toda a realidade pode surgir de apenas dois desejos, precisamos examinar mais profundamente a forma como eles interagem.

Quatro Estágios e a Raiz da Criação

Gravidade, eletricidade e todas as outras forças da natureza são fenômenos atemporais. Em outras palavras, não se pode indicar um ponto específico no tempo em que elas foram criadas, porque as forças da natureza não são eventos específicos; elas são potenciais ou campos que cobrem a totalidade do espaço-tempo. Elas se manifestam sob determinadas condições e, dados os instrumentos adequados, pode-se detectar a sua existência.

Para provar a existência da energia elétrica, é necessária uma resistência de algum tipo, como uma lâmpada ou um medidor de corrente. Sem algo que resista ao fluxo da corrente elétrica, nunca poderíamos saber que a eletricidade estava fluindo através dele e jamais poderíamos descobrir a existência da eletricidade. Da mesma maneira, para provar a existência da gravidade, precisamos observar seus efeitos sobre a massa física e para descobrir a luz, precisamos de um objeto que a luz ilumine, o que significa bloquear a luz e refleti-la de volta a nossos olhos.

Exatamente da mesma forma, os Cabalistas descobriram o desejo de doar por meio da interação desse desejo com seu resistor — seus próprios desejos de receber. Quando refinaram e calibraram suas resistências, ou seja, os desejos de receber, eles foram capazes de detectar a força que operava esses desejos. Foi assim que Abraão descobriu que a força que operava os seus desejos e o resto da realidade era um desejo de doar. Esse é o conhecimento que Abraão passou para seus filhos e alunos e esse ainda é o conhecimento que os Cabalistas passam de professor para aluno e agora para o mundo inteiro.

Vale lembrar: a diferença entre um Cabalista e outro não está no conhecimento que cada um transmite, mas na *linguagem* e no *estilo* que cada um usa para transmiti-lo. A razão pela qual eu estou contando principalmente com os escritos de Ashlag não é porque ele possuísse conhecimento mais extenso do que, digamos, o Ari. Estou usando seus escritos simplesmente porque ele é o Cabalista mais recente e escreveu em estilo mais contemporâneo. Ele é, portanto, o mais fácil de ser entendido por um leitor do século XXI com pouca ou nenhuma experiência em Cabalá. Quanto mais avançamos no tempo, mais difícil se torna compreender o sentido pleno dos textos cabalísticos.

Voltando ao tema, em *O Estudo das Dez Sefirot*, Ashlag nos diz que esse desejo de doar criou o desejo de receber como um desdobramento necessário do seu desejo de doar.[45] Em outras palavras, porque o desejo é um desejo de doar, ele criou algo que desejasse receber. Assim como é impossível explicar o que é dia sem também entender o que é noite, ou entender o conceito de "lado esquerdo" sem ter o conceito de "lado direito", da mesma forma é impossível perceber o desejo de receber sem perceber o desejo de doar.

Para colocar as coisas no contexto correto, quando os Cabalistas falam do Criador, eles estão se referindo ao desejo de doar, e quando falam da Criação, estão se referindo ao desejo de receber o que o Criador doa. Além disso, quando eles apresentam um diálogo entre o Criador e as criaturas, como nós encontramos na Bíblia, eles estão realmente introduzindo uma interação específica entre o desejo de doar e o desejo de receber, e não uma troca de vocalismos entre um agregado de proteínas e uma voz nas nuvens.

A esse respeito, na conclusão de sua introdução a *O Estudo das Dez Sefirot* (item 156), Ashlag toma cuidado especial ao nos advertir: "No entanto, há uma condição estrita para o envolvimento nessa sabedoria — não materializar os assuntos a partir da imaginação ou de formas físicas. Isso é considerado violação, 'Tu não farás para ti imagem de escultura, nem qualquer espécie de semelhança.' (...) Para salvar os leitores de qualquer materialização, eu escrevi o livro *O Estudo das Dez Sefirot*, no qual compilei dos livros do Ari todos os principais ensaios sobre a explicação das dez *Sefirot* em uma linguagem mais simples e fácil."[46]

Assim, na base da existência não existe matéria, mas formas do desejo de receber prazer criadas pelas interações com o Criador — o desejo de doar prazer.

Para fazer a ponte entre essa abordagem e um território mais familiar, imagine-se um raio. Para os gregos antigos, o raio era a arma tradicional de Zeus. Para nós, se consultarmos a *Enciclopédia Britânica*[47], esse mesmo raio é meramente "A descarga visível de eletricidade que ocorre quando uma região de uma nuvem adquire uma carga elétrica em excesso suficiente para quebrar a resistência do ar."

Da mesma forma, compreender o verdadeiro sentido da história de Abraão requer uma explanação feita por quem adquiriu conhecimento suficiente para explicá-la de maneira prosaica, racional, ou seja, um Cabalista, e de preferência um que possua conhecimento substancial e suficientes habilidades didáticas, tal como Ashlag.

Indo Atrás do Pensamento da Criação

No "Prefácio à Sabedoria da Cabalá"[48], Baal HaSulam divide o início da Criação em cinco etapas e uma restrição, mas podemos reuni-las em três grupos. Pense nos dois primeiros grupos como sendo um carro e o combustível para seu motor e imagine que o terceiro grupo é o motorista.

O primeiro grupo contém apenas o Estágio Zero, a Raiz. Esse é o desejo de doar, a energia que cria e sustenta o carro chamado "Criação" (um modelo muito antigo, que não é mais fabricado).

O segundo grupo — Estágios Um e Dois — constrói uma "plataforma" para a evolução. Esse é o próprio carro. Em certo sentido, a plataforma que os dois estágios construíram se assemelha ao que Richard Dawkins descreveu em *O Gene Egoísta* como "A sopa primeva"[49], o substrato oceânico que continha os ingredientes para o início da vida.

O terceiro grupo — Estágios Três e Quatro — é "o motorista". Sua função é ligar o motor de evolução — a interação entre os desejos. Como explicaremos abaixo e no próximo capítulo, a restrição é a roda pela qual a criação é impulsionada em direção a seu propósito: descobrir o Pensamento da Criação.

Estágios Zero e Um

Primeiramente, um comentário geral sobre os estágios: depois que a Cabalá ganhou popularidade nos últimos anos, alguns de seus termos aparecem com diferentes acepções. O termo *Sefirot* é frequentemente mencionado em relação à origem da

Criação. É possível descrever o processo da Criação usando os nomes das *Sefirot* em vez de estágios, mas isso pode complicar o assunto desnecessariamente. Para verificar como as *Sefirot* e as quatro fases referem-se ao mesmo processo, consulte-se o ensaio "Prefácio à Sabedoria da Cabalá"[50].

Em termos Cabalísticos, a existência do desejo de doar sem o desejo de receber é chamado "Estágio Raiz" ou "Estágio Zero". O Estágio Raiz é imediatamente seguido por seu ramo obrigatório — "Estágio Um" —, o desejo de receber, que está permeado com a abundância fornecida a ele pela Raiz, o desejo de doar.

Como resultado, nenhum elemento da existência, de partículas subatômicas a galáxias em expansão no universo, escapa do "binômio" dar–receber. Isso pode aparecer na forma de quente *vs.* frio, seco *vs.* molhado, pequeno *vs.* grande, centrífugo *vs.* centrípeto, energia *vs.* matéria, etc., mas todos derivam dos opostos primordiais: dar e receber. Para ilustrar essa interação, eu uso uma flecha para baixo para denotar o desejo de doar, e uma tigela ou recipiente (usualmente chamado "vaso") para denotar o desejo de receber (Figura 1)

1. NO TEXTO CORRIDO, ESTAMOS EMPREGANDO "DOAR" NO LUGAR DE "DAR", DEVIDO ÀS RESPECTIVAS CONOTAÇÕES. NAS FIGURAS APARECE "DAR". ACHO MELHOR VC TENTAR CORRIGIR.
2. VERIFIQUE TB "DESEJO DE RECEBER" QUE ÀS VEZES APARECE COMO "DESEJO RECEBER", SEM A PREPOSIÇÃO.
3. MELHOR UNIFORMIZAR O EMPREGO DE INICIAIS MAIÚSCULAS NOS NOMES DOS VASOS. P. EX: "Desejo dar acima do Desejo de Receber" ACHO MELHOR: "Desejo de Doar Acima do Desejo de Receber.

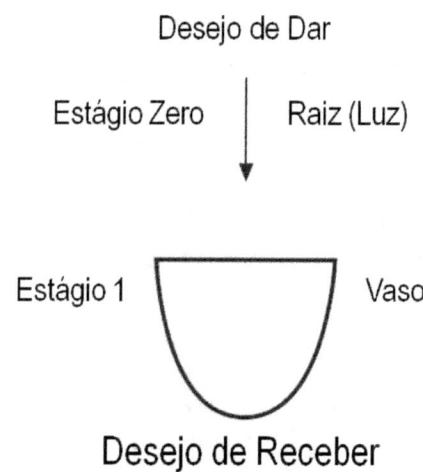

Figura 1: O Estágio Raiz é imediatamente seguido por seu ramo obrigatório — Estágio Um –, que é o desejo de receber, permeado pela abundância fornecida pelo desejo de doar. A Raiz é chamada "Luz" e o desejo de receber, "vaso".

Estágio Dois

O resultado do encontro entre os dois desejos no Estágio Um é o Estágio Dois. Aqui a interação real entre esses dois desejos realmente acontece. Para entender a mudança que ocorre entre o Estágio Um e o Estágio Dois, considere a admiração de uma criança por seus pais. Devido ao fato de que as crianças, especialmente no princípio da infância, idolatram os pais, elas se esforçam em imitá-los. Elas observam cada movimento dos pais atentamente (a tendência é os meninos observarem o pai e as meninas observarem a mãe), elas "estudam" o comportamento de seus pais e tentam seguir-lhes o exemplo.

Estudos contemporâneos mostram como as crianças estão atentas à orientação de seus pais. Em *Perspectivas na Imitação: Da Neurociência às Ciências Sociais*, Dr. Andrew Meltzoff e Wolfgang Prinz, professor da Universidade de Cambridge, Reino Unido, escrevem: "Os pais proporcionam a seus jovens um aprendizado sobre a maneira de agir como membro de sua cultura específica muito tempo antes que a instrução verbal seja possível. Uma grande variedade de comportamentos — desde usar ferramentas até os costumes sociais — é passada de uma geração a outra por meio da aprendizagem imitativa."[51]

Além disso, o *best-seller* do Dr. Benjamin Spock, *Cuidados com o Bebê e a Criança*, dirigido aos pais, fornece uma descrição tão completa desse processo, que me sinto obrigado a apresentá-lo aqui praticamente na íntegra:

"A identificação é muito mais importante do que brincar. É assim que o caráter é construído. Depende mais do que as crianças percebem em seus pais e modelam em si mesmas depois, do que daquilo que os pais tentam ensinar-lhes em palavras. Essa é a forma como ideais e atitudes básicos das crianças são estabelecidos — para com o trabalho, para com as pessoas, para consigo mesmas (...) É assim que elas aprendem a ser o tipo de pais que serão daqui a vinte anos, como se pode prever ao se ver a forma carinhosa ou ao ouvir suas repreensões quando brincam com suas bonecas."

"**Consciência de gênero**. É nessa idade que a menina se torna mais consciente de que é mulher e vai crescer para ser uma mulher. Ela, então, observa sua mãe com atenção especial e tende a moldar-se à imagem de sua mãe: como sua mãe se sente em relação ao marido e ao sexo masculino em geral, em relação às mulheres, em relação a seus filho e filha, em relação ao trabalho e às tarefas domésticas. A menina não se tornará uma cópia exata de sua mãe, mas certamente será influenciada por ela em muitos aspectos."

"Um garoto nessa idade percebe que está a caminho de se tornar um homem e, portanto tenta seguir predominantemente o padrão de seu pai: como seu pai se sente em relação à sua mulher e ao sexo feminino em geral, em relação aos outros homens, em relação a seu filho ou filha, em relação ao trabalho fora e dentro de casa."[52]

E assim como uma criança deseja crescer para ser como seu pai, a Segunda Fase na evolução do desejo é uma expressão da vontade do desejo de receber (Estágio Um) de ser como seus pais — o desejo de doar (a Raiz). Isso acontece porque o desejo de receber — o "fruto" do desejo de dar — do Estágio Um reconhece a superioridade da Raiz e deseja ser como o seu progenitor. E porque o único exemplo que o Estágio Um recebe da Raiz é o de dar, no Estágio Dois o desejo de receber começa a querer doar também.

Anteriormente dissemos que a base da existência são formas do desejo de receber, criadas pelas interações com seu criador — o desejo de dar. Assim, a partir de duas reações naturais e "automáticas" à doação, dois desejos opostos emergem: receber (no Estágio Um) e doar (no Estágio Dois). As várias combinações desses dois desejos formam a base de cada objeto, cada acontecimento e toda evolução que ocorre em nosso mundo, inclusive nós — nossos corpos, nossos pensamentos e nossas ações.

Assim como uma criança deseja se tornar seu modelo parental, na raiz do desejo de dar no Estágio Dois encontra-se o desejo de receber o *status* superior do progenitor, poder e conhecimento. Em outras palavras, a Segunda Fase é o desejo de *receber* o *status* e a natureza da *doação*. Por essa razão, é melhor imaginar o Estágio Dois como um vaso (desejo de receber) que quer doar, ou "vaso de doação". Por isso, a seta que designa esse desejo aponta para fora, em direção ao Criador (Figura 2).

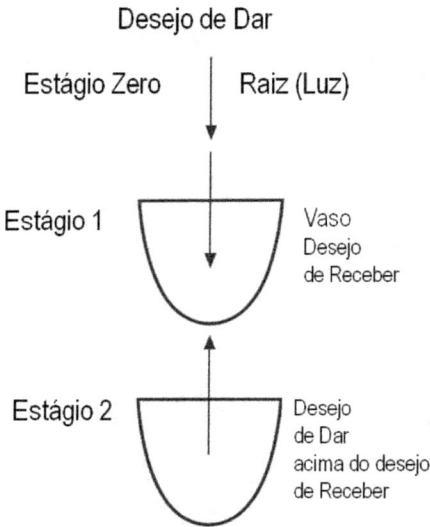

Figura 2: Na raiz do desejo de doar no Estágio Dois, encontra-se o desejo de receber. É melhor, portanto, imaginar o Estágio Dois como um vaso (desejo de receber) que almeja doar, ou "vaso de doação".

O Estágio Dois, porém, é mais que um novo desejo. Ao querer doar, o Estágio Dois é admitido em um novo estado de ser. Como não deseja mais receber, mas doar, necessita de alguém a quem doar. Assim, para ser como seu criador – um doador – o Estágio Dois deve agir positiva e favoravelmente em relação aos outros.

Por essa razão, o Estágio Dois, a força que nos compele a doar apesar de nosso desejo subjacente de receber, é a força que torna a vida possível. Sem ela, os pais não teriam filhos (a quem pudessem doar), nem se importariam com eles assim que nascessem; a vida não seria possível.

De fato, o melhor exemplo do Estágio Dois é o amor da mãe por seu filho. Quando consideramos o amor infinito, a compaixão e o esforço das mães na criação de seus bebês, sentimos reverência e nos admiramos de que tamanha devoção seja mesmo possível. E ainda, quando olhamos para o rosto de uma mãe enquanto ela amamenta, troca fraldas ou banha o bebê, vemos que frequentemente está radiante. Por que isso acontece? O que dá às mães a habilidade de não apenas suportar tamanha tensão, mas *desejar* e sentir prazer nisso?

A resposta é simples e toda mãe a conhece instintivamente: ao se doar a seu bebê, ela experimenta imensa alegria. Há um desejo de receber o prazer da maternidade (ou paternidade) por trás de cada decisão de trazer uma nova vida ao mundo. Sem isso, as pessoas não teriam bebês, a não ser por engano, e isso seria péssimo para as crianças.

Agora podemos ver por que a força inicial da Natureza é o desejo de doar e não o desejo de receber. Capturando concisamente a essência desse conceito está a cabalística definição de altruísmo feita por Baal HaSulam. Em 1940, ele publicou um artigo intitulado "A Nação", em que escreve: "A força altruísta [desejo de doar] é como ondas centrífugas — uma força direcionada para fora... que flui de dentro para fora."[53]

Estágio Três

Como Ashlag afirmou, a evolução dos desejos, que pendem por causa e efeito, é obrigatória, aderindo a regras fixas e determinadas. O próximo passo obrigatório para o Estágio Dois é começar a doar, por ser isso o que ele quer fazer. No Estágio Dois, porém, o desejo que recém criou o desejo de doar tem um problema para resolver: ele quer doar, mas tudo o que existe além de si mesmo (o desejo de receber com suas duas etapas) é o desejo de doar que o criou. Consequentemente, a única coisa que o Estágio Dois pode dar a seu criador é sua *vontade de receber*. Em outras palavras, ele irá receber, assim como no Estágio Um, mas com a *intenção de dar* prazer à Raiz, ou seja, ao criador. Esse *modus operandi* "invertido", em que o ato é recepção, mas a intenção é doação, é um conceito completamente novo e, portanto, merece um novo nome — "Estágio Três" (Figura 3).

Pode parecer estranho para alguns, mas nós aplicamos esse modo de ação rotineiramente em nossos relacionamentos. Pense em um jovem que vem visitar sua mãe após não vê-la por um longo tempo. É bastante provável que a mãe queira preparar algo para seu filho querido comer. E se o filho não estiver com fome? Ele não vai comer? Na maioria dos casos, ele vai comer e expressar seu prazer pela comida simplesmente para agradar à mãe.

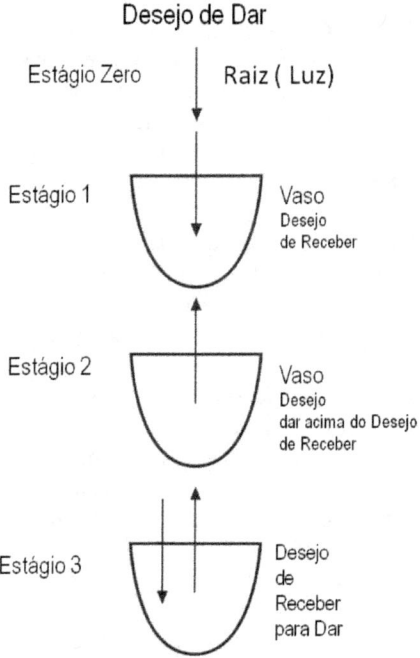

Figura 3: No Estágio Três, o desejo de receber escolhe receber não porque desfruta, mas porque isso agrada à Raiz, o desejo de doar.

Nesse caso, o filho não está focado em seu próprio prazer, mas no prazer da mãe em vê-lo comer. No "Prefácio à Sabedoria da Cabalá"[54], Baal HaSulam descreve esse modo de trabalho como uso parcial do desejo de receber, apenas o mínimo necessário para a recepção do prazer, mantendo o centro de atenção no prazer do doador pela aceitação do recebedor. Em nosso exemplo culinário, o filho deve ter *algum* apetite ou não será capaz de comer. Seu apetite, entretanto, pode não ser grande o suficiente para mudar sua intenção (ou atenção) de agradar a sua mãe para agradar a si mesmo.

Estágio Quatro

Quando o apetite do filho é leve o suficiente para ser subordinado a seu desejo de agradar a sua mãe, ele pode se concentrar em sua intenção de agradar, ao invés de em seu estômago. E se ele estivesse com muita fome e não tivesse comido o dia todo? Será que ele ainda seria capaz de ignorar o seu estômago roncando, se concentrar apenas no prazer de sua mãe e comer apenas para agradar a ela? Quando o Estágio Três começa a receber porque deseja agradar à Raiz, ele percebe que, quanto mais recebe, mais agrada a seu criador, a Raiz.

Em consequência, começa a querer receber mais e mais e mais. Finalmente, gostaria de receber *tudo*, assim como no Estágio Um, despertando, desse modo, todos os seus desejos de receber. Esse autoevocado desejo total de receber é chamado "Estágio Quatro".

Há, contudo, uma diferença fundamental entre o Estágio Um e o Estágio Quatro: a relação com o doador. O Estágio Um não se relaciona com o doador, apenas com a abundância. Assim que "percebe" que há o desejo de doar que o criou, o vaso quer ser como o doador, e isso inicia o Estágio Dois. O Estágio Quatro percebe não só a existência do doador, mas também a benevolência e a *primazia* do doador, uma vez que foi o desejo de doar que iniciou a criação. E sendo um completo desejo de receber, o Estágio Quatro almeja receber não apenas a abundância que o Estágio Um recebe, mas o *status de primazia* da Raiz (Figura 4).

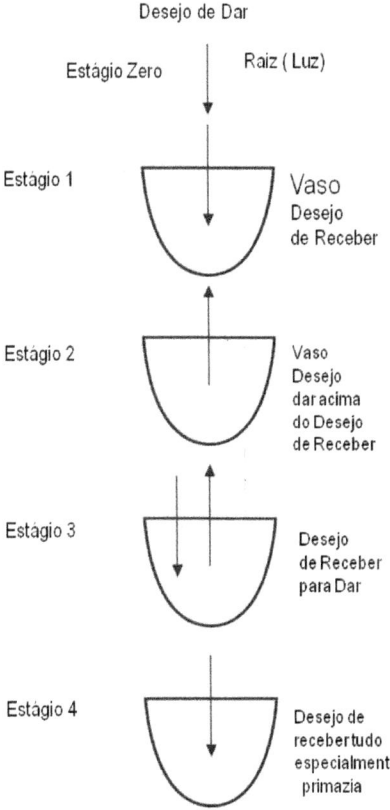

Figura 4: Sendo um total desejo de receber, o Estágio Quatro deseja não apenas a abundância do Estágio Um, mas o *status de primazia* da Raiz.

Para receber esse *status*, no entanto, o Estágio Quatro deve ser semelhante ao Criador, e não o é. Ao contrário, é um desejo consciente de receber tudo — onipotência, onisciência e até mesmo a *natureza* do Criador. Menos do que isso estaria incompleto, já que não seria exatamente idêntico ao Criador. Isso é o que Ashlag quer dizer, quando escreve no "Prefácio à Sabedoria da Cabalá"[55] que o Estágio Quatro pretende atingir o Pensamento da Criação (Figura 5).

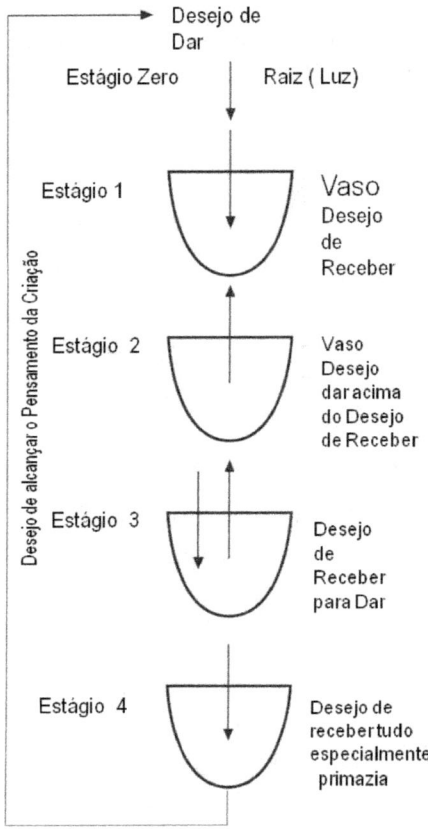

Figura 5: O Estágio Quatro deseja alcançar o Pensamento da Criação

Em outro ensaio, "A Entrega da Torá [Luz]", Ashlag oferece uma bela explicação sobre a natureza da relação Criador-criado que ocorre no início da Criação: "Essa questão é semelhante a um homem rico que diariamente cumulava um homem do mercado com ouro, prata e todas as coisas desejáveis. E a cada dia dava-lhe mais presentes do que no dia anterior. Finalmente, o homem rico perguntou: "Diga-me, todos os seus desejos foram satisfeitos?" Ele [o homem do mercado] respondeu: "Nem todos os meus desejos foram satisfeitos; quão bom e agradável seria se todos os bens e coisas preciosas tivessem vindo a mim por meu próprio trabalho, como elas vêm para você. Assim eu não estaria recebendo a caridade de suas mãos." O homem rico então lhe disse: "Nesse caso, nunca haverá uma pessoa capaz de satisfazer os seus desejos."[56]

Esse ressentimento pelos presentes foi bem observado em pesquisa conduzida por El-Alayli e Lawrence A. Messe, da Michigan State University. Suas descobertas, publicadas no *Journal of Experimental Social Psychology*, dizem que, receber favores não esperados leva as pessoas a experimentarem duas emoções opostas: o desejo de retribuir o favor, que os pesquisadores corretamente descreveram como "obrigação", ou o ressentimento, ao qual se referiram como "reação psicológica"[57].

Além disso, escreveram: "A avaliação dos participantes acerca do supervisor (benfeitor) sugeriu que as pessoas têm impressões distintas acerca de quem fez os favores que violavam (excediam) as expectativas ou normas"[58]. Essa pesquisa claramente demonstra que é natural do ser humano sentir vergonha ou ficar constrangido quando tratado com excepcional generosidade. Essas emoções, a Cabalá explica, estão diretamente enraizadas na vergonha que o Estágio Quatro experimenta, quando se depara com a doação ilimitada sem ter a chance de se tornar um doador também.

Assim, quando o Estágio Quatro percebe que não pode obter a primazia da Raiz, percebe que não pode receber *tudo* e que é inerentemente inferior a seu criador. Isso instantaneamente extingue qualquer sensação de prazer no Estágio Quatro e, apesar da infinita abundância que a Raiz fornece, o Estágio Quatro permanece com um sentimento de vazio, já que seu maior desejo não lhe foi concedido. Em Cabalá, quando o desejo do Estágio Quatro de ser igual a seu criador ofusca todos os outros prazeres, isso é chamado "restrição". Como o desejo de ser igual ao Criador é muito maior do que os outros desejos, isso praticamente impede que o prazer seja experimentado.

Daqui para frente, a evolução se desdobra em um único e profundo propósito: possuir novamente a abundância que a Raiz deseja doar e que pode ser recebida apenas com a intenção de doar.

[xix] Isaac Luria (ARI), *Tree of Life*, Gate 1, Branch 2

[xix] Yehuda Ashlag, *Talmud Eser Sefirot* (*The Study of the Ten Sefirot*), Part 1 (Israel: Ashlag Research Institute, 2007), 19

[xix] Yehuda Ashlag, *Talmud Eser Sefirot* (*The Study of the Ten Sefirot*), Part 1 (Israel: Ashlag Research Institute, 2007), 31

[xix] Yehuda Ashlag, "*Talmud Eser Sefirot* (*The Study of the Ten Sefirot*), Part One, *Histaklut Pnimit* (Inner Reflection)," in *Kabbalah for the Student*, ed. Gilad Shadmon, trans. Chaim Ratz (Canada: Laitman Kabbalah Publishers, 2009), 729

[xix] Yehuda Ashlag, "Introduction to Study of the Ten Sefirot," in *Kabbalah for the Student*, ed. Gilad Shadmon, trans. Chaim Ratz (Canada: Laitman Kabbalah Publishers, 2009), 374

[xix] "Lightning," *Encyclopedia Britannica* (http://www.britannica.com/EBchecked/topic/340767/lightning)

[xix] Ashlag, "Preface to the Wisdom of Kabbalah," in *Kabbalah for the Student*, 567-572

[xix] Ashlag, "Preface to the Wisdom of Kabbalah," in *Kabbalah for the Student*, 567-9

[xix] From: S. Hurley and N. Chater (Eds.), *Perspectives on Imitation: From Neuroscience to Social Science* (Vol. 2) (Cambridge, MA: MIT Press, 2005), 55-77

[xix] Benjamin Spock, *Baby and Child Care*, (USA: Pocket Books, 2004), 164-5

[xix] Ashlag, *Kitvey Baal HaSulam* (*The Writings of Baal HaSulam*) (Israel: Ashlag Research Institute, 2009), 499

[xix] Ashlag, "Preface to the Wisdom of Kabbalah," in *Kabbalah for the Student*, 568

[xix] Ashlag, "Preface to the Wisdom of Kabbalah," in *Kabbalah for the Student*, 568

[xix] Yehuda Ashlag, "The Giving of the Torah," in *Kabbalah for the Student*, 244

[xix] El-Alayli Amani and Lawrence A. Messe. "Reactions Toward an Unexpected or Counternormative Favor-Giver: does it matter if we think we can reciprocate?" *Journal of Experimental Social Psychology* 40.5 (September 2004): 633-641

[xix] (ibid.)

Capítulo 3: A ORIGEM COMPARTILHADA DA HUMANIDADE

No capítulo anterior, falamos sobre o surgimento do desejo de receber no Estágio Um e do desejo de doar no Estágio Dois, como ramificação do desejo primordial de doar na Raiz. Também mostramos que, devido a seu desejo de doar, o desejo de receber foi reativado no Estágio Três e maximizado no Estágio Quatro. A maximização do desejo de receber levou a querer não apenas desfrutar, mas a realmente tornar-se como seu progenitor — o Estágio Raiz — e até mesmo a ter o status de primazia do Estágio Raiz. A realização posterior que não foi (ainda) possível induziu um senso de inferioridade inerente no Estágio Quatro, que levou a uma restrição — a eliminação de qualquer sensação de prazer (luz).

Também porque o desejo real do Estágio Quatro é pela primazia da Raiz, ele não se contenta com o prazer ilimitado que recebeu no Estágio Um. Em vez disso, deseja obter a *natureza* da Raiz, o Pensamento da Criação, e, consequentemente, a primazia da Raiz.

Assim, a eliminação do prazer no Estágio Quatro não é resultado de sua incapacidade de receber, nem consequência da incapacidade de doar da Raiz. A Raiz doa incessantemente, mas o desejo de receber não *quer* receber algo tão degradante como caridade (como descrito por Ashlag em "A Outorga da Torá"[59]). Por essa razão, porque o Estágio Quatro deseja adquirir o pensamento do doador e se tornar como seu Criador, a sua restrição é um desdobramento de sua decisão de não receber a não ser com a intenção de doar, porque assim retribui o desejo de doar do Criador.

Para isso, o Estágio Quatro cria um mecanismo de três partes, chamado *Partzuf* (Face), para determinar se ele deve receber luz e, em caso afirmativo, quanto, com a intenção de doar a qualquer momento (Figura 6). A seção superior do *Partzuf* é chamada *Rosh* (Cabeça). Sua tarefa é determinar o quanto da abundância (luz) será recebida pelo desejo de receber. O desejo de receber em si mesmo constitui a parte inferior do *Partzuf*, que é chamada *Guf* (Corpo).

Entre o *Rosh* (Cabeça) e o *Guf* (Corpo) ergue-se a *Masach* (Tela). Assim como uma membrana permeável seletiva permite que apenas algumas moléculas se infiltrem através dela, a *Masach* bloqueia a luz, permitindo que no *Guf* entre somente a quantidade de luz que o *Rosh* decidiu que poderia receber com a intenção de doar, e, ao mesmo tempo, repele o restante da luz. Dessa forma, a *Masach* funciona como um guarda, garantindo que a degradação sentida imediatamente antes da restrição não irá retornar.

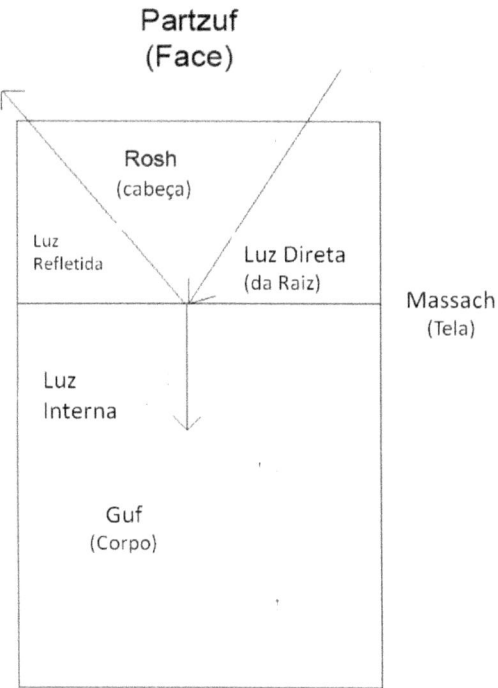

Figura 6: O mecanismo chamado *Partzuf* (Face): o *Rosh* (Cabeça) determina o quanto da abundância (luz) se pode receber. O *Guf* (Corpo) é o desejo de receber em si mesmo, e entre o *Rosh* e o *Guf* ergue-se a *Masach* (Tela), que admite no *Guf* apenas tanta luz quanto possa ser recebida a fim de outorgar.

Em certo sentido, um *Partzuf* pode ser comparado a uma grande empresa, na qual o *Masach* é como o departamento de Recursos Humanos (HR). Se a gestão, o *Rosh* (Cabeça), pretende aumentar a produção (doação, nível de ser como o Criador), precisa contratar mais pessoas (desejos) para poder receber mais luz/prazer (para assim doar ao doador). Uma vez que novas pessoas são contratadas, serão admitidas na empresa (*Guf*, Corpo) e postas para trabalhar: recebendo prazer com a finalidade de doar.

Quando o *Rosh* decide que é hora de agir, o *Masach* — departamento de RH — seleciona os candidatos (desejos) e escolhe apenas os corretos. Um novo funcionário (desejo) não deve ser subqualificado (muito pequeno), uma vez que assim não traria prazer ao Criador (porque não se pode sentir um grande prazer quando se tem um desejo pequeno por ele). Ele também não pode ser superqualificado (desejos demasiado intensos para serem usados com a intenção de doar), uma vez que despertar o desejo excessivo de receber resulta na degradação da criatura.

Em ambos, no *Partzuf* e em sua mundana empresa "de trabalho da mesma natureza" a que podemos chamar "Criação", um problema permanece sem solução: o que acontece com os desejos (pessoas) que não foram empregados (para o trabalho de doação no *Guf* do *Partzuf*)? Elas estão condenadas ao desemprego eterno (rejeição)? Isso significa que sempre haverá luzes (prazeres) que o Criador deseja transmitir, mas que não podemos receber. Isso desafia o propósito da criação: possibilitar aos destinatários (Criação, nós) receber prazer sem limite, poder, conhecimento e supremacia do Criador.

De fato, eventualmente todos os desejos serão "contratados" e colocados para trabalhar, e todas as luzes serão recebidas. Para evitar sobrecarregar o sistema e correr o risco de um colapso total, alguns desejos, no entanto, devem ser temporariamente suspensos. As luzes que deveriam ser recebidas nesses desejos são, portanto, refletidas e permanecem como "luzes circundantes" (Figura 7).

Os desejos e as luzes que por enquanto não podem ser colocados para trabalhar aplicam uma pressão constante sobre o *Partzuf*, "lembrando" que há ainda mais prazer para receber se for para receber do Criador tudo o que o Criador deseja transmitir. Em nosso exemplo mundano, o departamento de *marketing* é a "luz circundante" — constantemente relatando novos mercados potenciais nos quais a empresa pode se expandir e gerar lucros substanciais.

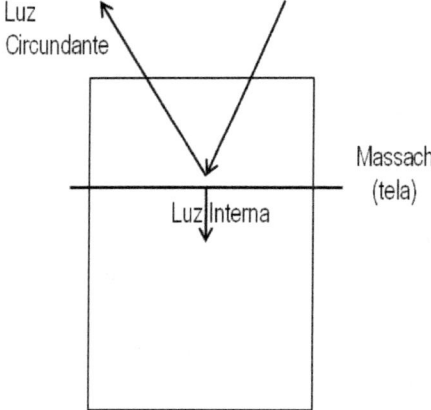

Figura 7: Enquanto o *Partzuf* é incapaz de receber toda a luz, a luz refletida deve permanecer fora do *Partzuf*. Ela é chamada "luz circundante".

Como os Desejos se Tornam Mundos

Continuando a alegoria *Partzuf*/empresa, a companhia, também conhecida como "Criação", começa a organizar os desejos "desempregados" em sua lista de espera, colocando os mais fracos, mais fáceis de lidar no topo da lista, e os mais intensos, indisciplinados no final. A Criação divide esses desejos em quatro categorias, similares aos quatro estágios na evolução dos desejos. Refere-se a cada categoria como um arquivo *Olam* (mundo), da palavra hebraica *Haalama* (ocultação), uma vez que esses desejos devem ser mantidos separados e ocultos das luzes até que possam ser operados corretamente — com o objetivo de doar. Assim, os desejos com qualidades mais semelhantes ao Estágio Um são chamados "o mundo de *Atzilut*"; aqueles mais similares ao Estágio Dois, "o mundo de *Beriá*"; os mais semelhantes ao Estágio Três formam "o mundo de *Yetzirá*"; e os mais semelhante ao Estágio Quatro tornam-se "o mundo de "*Assiyá*" (Figura 8). Para simplificar, eles são chamados de "*ABYA*".

Quatro mundos com as mesmas características das Quatro Fases

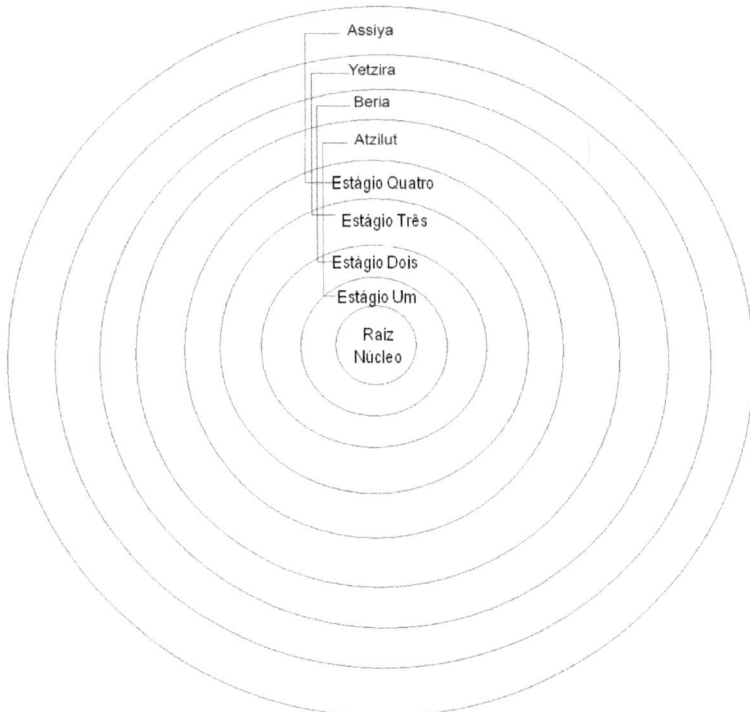

Figura 8: A Criação divide os desejos remanescentes em quatro categorias, com características semelhantes às quatro fases da evolução dos desejos. Cada categoria se refere a um *Olam* (mundo), da palavra hebraica *Haalama* (ocultação).

Quando Cabalistas descrevem o reino espiritual — onde os desejos trabalham com a intenção de doar —, geralmente os dividem em mundos e descrevem o que acontece neles (como os desejos realmente recebem). Eles, portanto, se referem a tudo o que precede o mundo de *ABYA* como um mundo também e o chamam "o mundo de *AK*" (*Adam Kadmon* — o homem primordial). De certa forma, o mundo de *AK* é paralelo ao Estágio Raiz, ou Estágio Zero, na evolução dos desejos.

Note-se que nosso mundo não é mencionado entre os mundos espirituais. Porque nosso mundo está baseado no egoísmo e os mundos da Cabalá refletem níveis de doação, nosso mundo não é considerado parte do sistema espiritual (com o propósito de doar).

O sistema espiritual está incessantemente evoluindo a partir da interação entre as suas forças, gradualmente fazendo mais com que seu desejo seja capaz de receber com a intenção de doar, construindo cada etapa baseado nas conclusões e ações executadas em suas fases anteriores. Da mesma forma como um bebê cresce, suas habilidades físicas e cognitivas se desenvolvem a partir da construção de capacidades previamente adquiridas e observações. Sem passar por esses estágios iniciais de desenvolvimento, os bebês não se tornam adultos. É claro, nós não mantemos nem precisamos manter essas observações do início da vida em nossa consciência enquanto vivemos nossa rotina diária, uma vez que se tornaram automáticas, mas, ainda assim, estamos constantemente usando-as em nossa vida adulta.

Ajudamos as crianças a adquirir novas capacidades e dados e as vigiamos para nos certificarmos de que não tentem fazer as coisas prematuramente. Da mesma forma, para completar o "amadurecimento" da criação em ser parecida com o Criador, é necessário aprender com quais desejos se pode trabalhar (receber a fim de doar), bem como quais os desejos com que ainda não se pode trabalhar, porque iriam despertar os sentimentos de inferioridade e vergonha.

Assim, em cada mundo, a Criação examina cuidadosamente a luz (prazer) que o desejo de doar quis lhe transmitir. Em *Atzilut*, a Criação recebe toda a luz, já que *Atzilut* corresponde ao desejo do Primeiro Estágio — recepção de toda a luz "automaticamente", não estando seu próprio desejo de receber envolvido. Por essa razão, a combinação desejo-prazer em *Atzilut* é chamada "parada" ou "inanimada", já que ainda é o desejo passivo.

Em *Beriá*, a Criação recebe menos luz, porque *Beriá* corresponde ao Estágio Dois, que é um estado mais desenvolvido do desejo de receber — um desejo de doar como o Criador. Como *Beriá* corresponde ao primeiro desejo que reagiu à luz, a ele foi dado o nome do primeiro nível de vida: "vegetativo".

Em *Yetzirá*, a Criação recebe ainda menos luz que em *Beriá*, porque *Yetzirá* corresponde ao Estágio Três no desejo de receber, que recebeu apenas um pouco da luz para começar (veja Capítulo 2, "As Quatro Fases e a Raiz da Criação"). Ainda, é um estágio mais desenvolvido na evolução do desejo de receber, mostrando certo nível de autonomia. Por essa razão recebeu o nome do nível de evolução cujos membros mostraram ao menos alguma autonomia — "animado".

Em *Assiyá*, a Criação recebe tão pouca luz que ela não é sentida como prazer, mas como mero sustento. *Assiyá* corresponde ao Estágio Quatro na evolução dos desejos e, assim como o Estágio Quatro experimentou a restrição, o mundo de *Assiyá* é impedido de experimentar a luz. Como, porém, corresponde ao último, mais desenvolvido e mais complexo nível do desejo, recebe o nome do seu paralelo físico: "humano" ou "falante".

Nomes Paralelos

Em "A Essência da Sabedoria da Cabalá", Baal HaSulam explica que os mundos *ABYA* são todos muito semelhantes entre si: "Os Cabalistas descobriram que a forma dos quatro mundos, chamados *Atzilut*, *Beriá*, *Yetzirá* e *Assiyá*, começando com o primeiro, mais elevado, chamado *Atzilut*, e terminando neste mundo corpóreo, tangível, chamado *Assiyá*, é exatamente o mesmo... Isso significa que tudo o que, eventualmente, ocorre no primeiro mundo, também é encontrado inalterado no próximo mundo. E assim ocorre igualmente em todos os mundos que o seguem, até este mundo tangível.

"Não há diferença entre eles, mas apenas um grau distinto, percebido na substância dos elementos da realidade em cada mundo. A substância dos elementos da realidade no primeiro, mundo Superior, é mais pura [mais doadora] que em todos os mundos abaixo dele, e a substância dos elementos da realidade do segundo mundo é mais grosseira [mais recebedora] do que a do primeiro mundo, porém mais pura que a dos graus inferiores.

"Isso continua da mesma maneira até este nosso mundo, cuja substância dos elementos é mais grosseira e mais escura que em todos os mundos precedentes [mais recebedora, até o ponto do egoísmo]. As formas e os elementos da realidade e todas as suas ocorrências, no entanto, vêm inalteradas e iguais em todos os mundos, tanto em quantidade quanto em qualidade."[60]

Embora a Cabalá fale de desejos e não de objetos físicos, porque todos os mundos são praticamente idênticos, os Cabalistas costumam usar nomes de objetos ou processos do mundo físico para explicar os estados espirituais ou processos que ocorrem no nível dos desejos. Exemplos físicos são muito mais claros e tangíveis. O termo *Partzuf* (Face), que discutimos acima, é um desses casos. Um exemplo mais "picante" seria *Zivug de Hakaa* (acoplamento por golpes), que é um nome em código para descrever todo o processo de rejeição da luz (o golpear) e depois a recepção (o acoplamento) de apenas a quantidade de luz que pode ser recebida com o fim de outorgar.

Em conformidade, em sua "Introdução ao Livro do Zohar", Ashlag explica que o nome "inanimado" foi dado ao mundo de *Atzilut,* porque consiste do desejo de receber no Estágio Um, que é completamente passivo[61].

O equivalente corporal do mundo de *Atzilut* são os minerais. Todos os minerais se esforçam (desejam) manter sua forma. Eles não têm nenhum desejo de se tornar outra coisa senão o que eles já são; se você tentar mudá-los em outra coisa, terá de aplicar energia e manipulá-los, porque irão resistir à mudança.

Nas palavras de Ashlag, "o Estágio Um do desejo de receber, chamado 'inanimado', (...) é a manifestação inicial da vontade de receber neste mundo corpóreo. (...) nenhum movimento, porém, é aparente em seus itens particulares. (...) E já que há somente um pequeno desejo de receber (...) o seu poder sobre os itens particulares [minerais] é indistinguível"[62].

Beriá recebeu o nome de "vegetativo", já que é o começo de um desejo independente. Como o esperado, a manifestação material desse desejo são plantas. As plantas crescem, florescem e murcham, e cada planta é uma entidade distinta, ao contrário do agregado de moléculas que forma os minerais. As plantas, no entanto, não têm livre escolha em seus movimentos. Quando as plantas de um certo tipo crescem em estreita proximidade, todas se comportam exatamente da mesma maneira. Por exemplo, a cabeça de qualquer girassol estará sempre virada para o sol (Imagem 1), e todas as espigas de trigo ficam amarelas quando se aproxima a época da colheita.

Imagem 1: A cabeça do girassol sempre irá se mover em direção ao sol.

Yetzirá foi chamado "animado" e corresponde ao Estágio Três do desejo de receber. Em *Yetzirá*, a Criação desfruta de uma substancial medida de "liberdade e individualidade (...) uma vida única para cada item", escreve Ashlag na Introdução acima mencionada. Em *Yetzirá*, no entanto, explica ele, "o desejo ainda não tem a sensação dos outros, ou seja, não está preparado para participar das dores ou alegrias dos outros"[63].

Assiyá foi chamado "falante" ou "humano", uma vez que reflete a forma completa e mais complexa do desejo de receber. No nível humano, e Ashlag explica que essa é uma diferença fundamental entre os níveis falante e animado, o desejo de receber inclui a sensação dos outros[64]: "O desejo de receber no animado, que não tem a sensação dos outros, só pode gerar necessidades e desejos, na medida em que eles são impressos somente nessa criatura. O humano, porém, que pode sentir os outros também, torna-se carente de tudo o que os outros têm e sente, portanto, inveja de tudo o que os outros têm." Por essa razão, "quando tem cem, deseja ter duzentos, e assim suas necessidades sempre se multiplicam até que queira devorar tudo o que há no mundo inteiro."[65]

Para realmente entender a diferença entre o nível humano dos desejos e todos os outros níveis, considere o seguinte experimento: ofereça a um cão um *smartphone touch-screen* novo em vez de sua comida favorita e veja qual deles ele escolhe. Depois, substitua o alimento do cão por comida humana e deixe o *smartphone*. Então tente a mesma experiência com uma pessoa.

Nascimento e Queda de Adão

Até agora, discutimos a origem da Criação. Explicamos como a Criação recebe o prazer que pode com a finalidade de doar, e se constrói para ser o mais semelhante possível ao seu Criador. Mesmo depois que todos os mundos foram criados no *Partzuf* (empresa) e todas as luzes que podem ser recebidas a fim de doar são recebidas no *Partzuf*, resta ainda um desejo que não pode ser posto para trabalhar no *Partzuf* — o desejo de ser como o Criador. Esse é o desejo a que o anfitrião, na alegoria de Ashlag, estava se referindo, quando disse (Capítulo 2): "Nesse caso, nunca nasceu uma pessoa que pudesse satisfazer os seus desejos."[66] Esse é o desejo mais intenso, o desejo central do Estágio Quatro e, ao mesmo tempo, absolutamente inatingível.

Assim, uma vez que todos os desejos foram explorados ao máximo, o departamento de *marketing* (luz circundante) da Criação (empresa), lembrou ao gerente da companhia — o *Rosh* (Cabeça) da Criação — que havia ainda mais luz a ser recebida. Agora era dever do *Rosh* analisar esse novo desejo e determinar se poderia recebê-lo com a intenção de doar.

Por essa razão, o *Rosh* convocou uma assembleia especial do conselho para discutir o destino desse último desejo. Nessa reunião, o argumento para não usá-lo era ser ele demasiado forte para se lidar. De fato, como se pode lidar com um desejo de ser como seu pai? Se o *Partzuf* realmente recebesse o que queria naquele desejo, seria como se uma criança se tornasse um adulto instantaneamente, sem o conhecimento e a experiência adquiridos ao longo dos anos de crescimento. É claro que seria muito complicado e perigoso lidar com tal desejo.

"Por outro lado", argumentaram outros diretores, "se considerarmos a natureza desse desejo, vamos perceber que não pode haver qualquer perigo nele." "De fato", alegaram, "é à prova de erros."

"Como assim?", perguntaram os opositores. "É à prova de erros por causa da natureza do próprio desejo — ser como o Criador, um doador. Quão perigoso pode ser querer doar?"

Os defensores convenceram os opositores, e a decisão tomada foi de a Criação contratar o maior desejo — o desejo de ser como o Criador. Para fazer isso, a Criação construiu um *Partzuf* distinto, chamado *Adam ha Rishon* (O Primeiro Homem), e atribuiu a ele a tarefa de operar e gerenciar o desejo final e maior de todos.

A decisão de tentar receber o último e maior de todos os prazeres, no entanto, acabou por se revelar um erro fatal. O que a Criação não sabia era que a luz maior, que vem com o maior desejo, tem um dom ligado a ela. Quando você se torna como o Criador, você se torna como o Criador no sentido pleno da palavra, não apenas no seu *desejo* de doar, mas também na sua *capacidade* de doar — para criar— você se torna onipotente e onisciente. Esse foi um prazer que a Criação não poderia receber com a intenção de doar.

Assim que Adão, o *Partzuf* especialmente concebido, começou a receber a luz, ele (Adão) descobriu os dons ligados à luz, e eles eram tão fascinantes que ele esqueceu completamente a intenção de doar.

E no minuto em que Adão começou a pensar dessa maneira, ele tentou agir para ser um criador. Para criar, porém, você precisa do desejo de doar, e Adão não o tinha. Isso despertou a inferioridade e a vergonha que foram cobertas pela *Masach* inicial no Estágio Quatro e, com isso, a luz desapareceu, tal como aconteceu durante a restrição.

O desejo de Adão, no entanto, não podia mais ser revertido; ele viu que prazeres esperam por aqueles que se tornam como o Criador e não conseguiu esquecê-los. Por essa razão, Adão não podia ser posto para trabalhar a fim de doar, porque sabia que, se conseguisse encontrar uma maneira de ser como o Criador, seria o único governante do universo, de toda a realidade. Assim, em seu cerne, Adão se tornou egoísta, cada parte sua desejando ser como o Criador. Em consequência, as partes egoístas se desintegraram em miríades de frações, cada uma com seu próprio pequeno desejo egoísta de se tornar como o Criador.

A fragmentação do *Partzuf* de Adão é conhecida como "a quebra da alma de Adão" ou, para encurtar, "a quebra da alma". Com a fragmentação de Adão, uma nova entidade apareceu na realidade — uma entidade egoísta, cujo desejo é o de doar para si mesmo, em vez de para o Criador, e cujo último desejo é por onipotência e onisciência, ao invés de por total doação.

Na Cabalá, explica Baal HaSulam no "Prefácio à Sabedoria da Cabalá", a diferença entre espiritualidade e corporeidade é que, no reino espiritual, não há desejo de receber sem um *Masach*, enquanto na realidade corporal só existe um desejo de receber sem *Masach* [67]. Assim, nosso universo é o único reino corpóreo existente, e tudo o que existe em nosso universo é a descendência da quebra da alma de Adão.

A razão pela qual consideramos o nosso universo um "mundo", o mesmo termo que atribuímos aos mundos espirituais, é que um "mundo" reflete certa medida de ocultação da luz. A única diferença entre nosso universo corpóreo e os mundos espirituais é que, num mundo espiritual, mesmo quando não há luz em tudo, ainda há consciência da qualidade de doação do Criador e o desejo de possuí-la. Em nosso universo, ocorre uma ocultação tão completa que sequer estamos conscientes do significado da palavra "Criador", e pensamos nele como uma entidade (se não uma pessoa) que aguarda nossas súplicas, devolvendo-nos uma resposta misericordiosa.

Em hebraico, os seres humanos são chamados de *Bnei Adam* (os filhos de Adão). Na verdade, somos descendentes do erro de Adão e, portanto, apenas nós poderemos consertá-lo. Sendo a única espécie que pode escolher seu curso na vida, os seres humanos são os únicos que podem determinar o destino de toda a vida na Terra — para melhor ou para pior.

Como veremos nos próximos capítulos, reservada aos humanos, a Natureza como um todo obedece a uma regra que se alinha com as leis do mundo espiritual. Nós, por outro lado, devemos aprender a respeitar essa regra por nós mesmos. Ao desejarmos a intenção de doar mais que a graça que vem da doação (onipotência e onisciência), nós poderemos consertar o erro de Adão. Ou seja, escolhendo a intenção de doar, o dom ainda continua ligado a ele e vamos continuar recebendo onipotência e onisciência. Se tivermos a intenção de doar, receberemos o dom de sermos semelhantes ao Criador, porque sabemos que, fazendo isso, estamos agradando ao Criador, que quer nos dar esse presente. Como resultado, vamos desfrutar a dádiva, mas não nos quebraremos — caindo no egocentrismo — como aconteceu da primeira vez. Esse será o fim da correção para toda a humanidade, e a realização do propósito da Criação, como pretendido no pensamento do Criador da Criação.

No capítulo seguinte, iremos explorar a forma como a vida evoluiu no mundo corpóreo (físico) após a quebra de Adão, que partes da Criação já foram corrigidas e o que ainda aguarda nossa correção: escolher doar em vez de receber.

Capítulo 4: O Universo e a Vida na Terra

No final do capítulo anterior, nós dissemos que a quebra da alma de Adão é a nossa origem comum. Sendo um *Partzuf*, a estrutura de Adão era uma réplica perfeita de seu *Partzuf* pai (corrigido). Na quebra, Adão estendeu a estrutura dos mundos espirituais (mundos de doação) até seu ponto mais baixo — recepção definitiva.

Em consequência, tudo o que existe nos mundos espirituais também existe em nosso mundo. Por essa razão, o mesmo padrão de quatro estágios pelos quais os desejos evoluíram, seguido pelos quatro estágios de evolução dos mundos espirituais, existe em nosso mundo físico. Conforme exploramos como nosso mundo evoluiu, devemos ter em mente os desejos que o evocam e o guiam.

Big Bang

O tempo, como nós o conhecemos, começou há aproximadamente quatorze bilhões de anos. Da perspectiva espiritual cabalística, o "big bang" foi a quebra da alma de Adão. A razão por vermos isso como um evento material é porque vemos o mundo com olhos corporais (egocêntricos). Se pudéssemos ver da perspectiva da força que induziu essa explosão massiva a que chamamos "big bang", veríamos isso como resultado da tentativa de Adão de receber, usando o último e maior de todos os desejos, como descrito no capítulo anterior.

Os Quatro Estágios em Questão

Assim como os desejos originais evoluíram em estágios, seus paralelos mundanos apareceram e foram corrigidos um de cada vez, do mais fácil ao mais duro. Agora, como cada desejo manifesta-se em nosso universo, a Natureza, que, como falamos no Capítulo 1, é sinônimo de Criador, deve "ensiná-lo" a trabalhar de modo a contribuir para o bem estar e a sustentabilidade do universo.

Para realizar isso, a Natureza aplica um método muito similar ao principio de seleção natural de Darwin. De fato, muitos dos principais estudiosos agora reconhecem a existência do processo de seleção natural em um período anterior ao advento da vida na Terra. O professor Ada Yonath, Prêmio Nobel em Química, fez a seguinte afirmação em uma convenção internacional que celebrava o 150° aniversário da publicação de *A Origem das Espécies*, de Darwin: "A sobrevivência do mais apto e a seleção natural desempenharam um papel importante do mundo pré-biótico, mesmo que essas qualidades estejam relacionadas primariamente à evolução das espécies."[xix]

Assim como no princípio de seleção natural de Darwin, o mérito de qualquer novo desenvolvimento na Natureza é julgado por sua contribuição à sustentabilidade de seu beneficiário. A diferença entre o princípio darwinista e o cabalista é o beneficiário: na teoria clássica de Darwin, os beneficiários são as espécies; na Cabalá, o beneficiário é a Natureza — o *todo* da Natureza, significando o Criador.

Se esse conceito soa um pouco artificial, pense em espécies como parte de um ecossistema. Na biologia contemporânea, é comum ver uma espécie em relação a seu meio ambiente, em vez de independente dele. E uma vez que sabemos que todos os ecossistemas estão interconectados, é fácil entender que um distúrbio em um sistema pode e irá afetar adversamente os demais sistemas do planeta.

Talvez a melhor descrição que eu tenha ouvido até hoje, explicando como a Natureza muda seus elementos de receptores do ambiente em doadores, veio da bióloga evolucionista Elisabet Sahtouris, PhD. Em uma conferência em Tóquio, em novembro de 2005, a Dra. Sahtouris afirmou: "No seu corpo, cada molécula, cada célula, cada órgão e todo o corpo têm interesse próprio. Quando cada nível (...) mostra seu interesse próprio, ele força negociações entre todos os níveis. Esse é o segredo da Natureza. A cada momento em seu corpo, essas negociações levam seu sistema à harmonia."

Claramente, o equilíbrio e o bem estar de todo o sistema são imperativos para a sobrevivência do corpo humano. Por isso o equilíbrio é tão imperativo para a sobrevivência de cada um dos sistemas do corpo. Hoje, a visão da Natureza como um sistema e não como uma coleção de elementos separados vem ganhando terreno entre os principais pesquisadores. Isso levou ao surgimento de campos da ciência tais como ecologia, cibernética, teoria de sistemas e complexidade.

Como vimos, a Cabalá sempre considerou toda a Natureza como uma unidade única. Essa totalidade não se aplica apenas à Terra e à vida sobre ela, mas ao universo inteiro — à parte corporal e também à espiritual.

Assim, as mesmas regras que se aplicam ao mundo espiritual — o mundo do altruísmo — se aplicam a nosso mundo corporal — o mundo do egoísmo. A diferença entre nosso mundo e o espiritual é que os desejos do mundo espiritual são todos sobre doação, enquanto nós somos descendentes da quebra de Adão. Como tal, somos inerentemente egocêntricos, às vezes a ponto de esquecermos o que somos de fato.

E porque estamos tão absortos em nós mesmos, ficamos alheios aos fatos que ocorrem em níveis mais profundos, a Natureza é governada por regras altruístas. O papel da Cabalá é descobrir essas regras e apresentá-las como uma forma de entendermos nosso mundo e administrá-lo em um novo nível de consciência. Por essa razão, tudo o que doravante discutiremos, da formação do universo à correção das relações humanas, derivarão e dependerão do conceito de evolução dos desejos, que expliquei até agora.

Inanimado

Depois da quebra de Adão, cada parte do desejo de receber começa a se sentir independente, separada de seu ambiente e desejando absorver dele. Esse desejo de absorver, essa força de atração ou gravidade — o paralelo físico do desejo de receber — formou os primeiros aglomerados do universo, que depois se tornaram a substância das primeiras galáxias do universo.

Com espaço e campo de gravidade surgiram formas mais estruturadas do desejo de absorver (ou seja, do desejo de receber), e as partículas apareceram. O processo de absorção continuou, e as estrelas nasceram com planetas ao seu redor. Dessa forma, a gravidade, a força mais fraca da Natureza, criou a infraestrutura do universo inteiro, assim como o Estágio Um, o mais fraco desejo de receber, criou a infraestrutura para os Quatro Estágios e todos os mundos espirituais que se seguiram.

Como no Estágio Um, o desejo de receber no corporal inanimado consiste basicamente no desejo de assegurar sua própria sobrevivência, sustentar a si mesmo. Sua única relação com os outros é que ele resiste a qualquer tentativa de quebra, dissolução ou mudança. Ainda, como resultado do nível inanimado e sua aspiração por manter sua própria sobrevivência, algumas partículas "descobriram" que elas poderiam assegurar melhor seu futuro, colaborando com outros elementos.

Contrariamente à teoria da evolução de Darwin, a Cabalá afirma que não há coincidência. Na realidade, as partículas não "descobrem" ou por acaso colaboram e subsequentemente se beneficiam ao fazê-lo. Isso implicaria que a Natureza não tem propósito, é randômica, e que não há meta pré-determinada no final do processo. Em vez disso, Baal HaSulam explica (em "Prefácio à Sabedoria da Cabalá"[xix], *Estudo das Dez Sefirot*[xix] e outros lugares) que, sendo o nosso mundo o último em uma série de eventos de causa-e-efeito, o desejo que aparece em nosso mundo já contém (embora não conscientemente) reminiscências dos estados anteriores, uma vez que eles são suas ramificações. Por isso, o desejo de receber neste mundo já contém reminiscências dos Quatro Estágios, o *Partzuf*, e todos os mundos espirituais. Como resultado, a preparação, a configuração para a descoberta dos benefícios da colaboração existe previamente em todos os níveis de desejo neste mundo. É isso que lhes permite "miraculosamente" descobrir os benefícios da "negociação em harmonia", como coloca Sahtouris.

Muitos físicos concordam que as partículas não necessitam de muito tempo para "descobrir" os benefícios da colaboração. Uma publicação do Observatório de Haystack, um centro de pesquisas do MIT, explica: "Quando o universo tinha 3 minutos de idade, ele já havia resfriado o suficiente para que prótons e nêutrons se combinassem em núcleos."[xix] Para se desenvolver ainda mais, no entanto, tiveram de forjar colaborações adicionais, que se manifestaram na forma de elétrons, e equilibraram a carga positiva do núcleo. Assim foi como os primeiros átomos apareceram.

Para essas partículas, ser parte de um átomo — diminuindo, portanto, seu interesse próprio em favor do interesse do átomo — era toda a correção de que necessitavam. Agindo para o bem do sistema e não para seu próprio bem, deixaram de estar centradas em si mesmas e começaram a se centrar no sistema. Elas se tornaram "conscientes" do seu ambiente e de como poderiam contribuir com ele. Assim, elas se tornaram "altruístas", embora pela razão egoísta de perpetuar sua própria existência.

A "recompensa" das partículas que primam em doar para o seu ambiente é a criação de um ambiente forte, resultando em átomos estáveis. E isso garante a sua existência futura.

Além disso, como os átomos precisam de todas as suas partículas para se manter, internamente eles protegem suas partículas. Dessa forma, abdicando do interesse próprio em prol do interesse de seus átomos, as partículas angariam o interesse de todo o sistema no bem estar desses átomos. Esse "acordo" provou ser tão bem sucedido, que, "Momentos depois do Big Bang, prótons e nêutrons começaram a se combinar para formar o hélio-3 e outros elementos básicos", disse Robert Rood, da Universidade da Virgínia, conforme citado em um comunicado da Rádio Nacional do Observatório de Astronomia.[xix] Assim os primeiros minerais surgiram.

O corpo humano é possivelmente o exemplo mais vívido do *modus operandi* de abdicar do interesse próprio em benefício do interesse do sistema hospedeiro, recebendo em troca a proteção desse sistema. No corpo humano, assim como em qualquer organismo, cada célula tem uma função específica. Para o organismo sobreviver, cada célula deve desempenhar sua função com o melhor de suas habilidades e substituir a meta de manter sua própria vida pela meta de manter a vida do seu organismo hospedeiro. Se uma célula começar a agir contrariamente a esse princípio, seus interesses logo irão conflitar com os do corpo, e os mecanismos de defesa do corpo irão destruí-la. Assim, é provável que se origine um tumor de células insubordinadas, que lutam para consumir os recursos do corpo em seu próprio benefício. Quando esse tipo de processo ocorre, nós o diagnosticamos como "câncer".

Se o câncer vencer, o corpo morre e o tumor morre junto com ele. Se o corpo vence e o câncer morre, o corpo sobrevive com as células do corpo que não se tornaram malignas, e as células egoístas são extintas. Esse é o mecanismo de segurança contra falhas com o qual a Natureza assegura que sistemas egocêntricos não existam. Aqui, também, não há nada de milagroso, simplesmente os mecanismos egoístas invariavelmente se consomem até a extinção, porque consomem sua fonte de alimento.

Por conseguinte, é interesse de todas as células do corpo curar o tumor. Colocado de outra forma, garantindo a sobrevivência dos elementos do sistema, os elementos naquele sistema promovem o bem estar do sistema *antes* de prover seu próprio bem estar. Em troca, o sistema irá prover o bem estar deles e garantir sua sobrevivência.

O princípio que acabamos de explicar não é válido apenas para partículas, átomos e organismos, mas para toda a vida. Aplicando-o, todos os elementos da Natureza aprendem a trocar sua natureza egoísta por uma natureza altruísta, que considera o bem coletivo antes de seu próprio bem.

Assim, voltando ao nosso tópico de observar o universo primordial, uma vez que as partículas juntaram-se para criar átomos, átomos começaram a se unir, criando, dessa forma, as primeiras moléculas. Estas aderiram à mesma regra, e as que sobreviveram foram aquelas cujos átomos estavam fortemente conectados, assim como com os átomos, abdicando de seu próprio interesse frente ao interesse de seu sistema hospedeiro — as moléculas.

Em todo esse processo, não há liberdade de escolha. Nem átomo nem molécula podem optar por *não* serem criados, porque os elementos que os constituem procuram o melhor modo de formá-los para melhor proteger seus interesses. Ainda, criando moléculas, os átomos realizam algo muito mais significativo do que proteger a si mesmo e às partículas que os criaram. Assim como as partículas, eles construíram um sistema antes de atender a seu interesse próprio e, ao fazê-lo, os átomos se transformam de entidades auto-orientadas em orientadas para o sistema, o que significa altruísmo.

Desse modo, outra camada do nível inanimado do desejo de receber foi corrigida. E embora não haja liberdade de escolha nessa correção, o *modus operandi* altruístico é todo o requerido para os minerais serem considerados corrigidos. Como o Estágio Um não tem qualquer liberdade de escolha na sua evolução, também o nível inanimado não tem liberdade de escolha na sua evolução; ele simplesmente trabalha para assegurar sua sobrevivência da melhor forma possível.

Curiosamente, a teoria de Darwin reflete quase o mesmo padrão em seu princípio de seleção natural. Uma diferença entre a Cabalá e o Darwinismo é que o Darwinismo define moléculas estáveis *vs.* não estáveis, e a Cabalá define moléculas equilibradas *vs.* desequilibradas. Moléculas equilibradas apoiam os átomos que as compõem, e os átomos igualmente apoiam suas moléculas.

Em *O Gene Egoísta*, Richard Dawkins — um dos mais renomados defensores contemporâneos de Darwin — descreve o processo de evolução molecular: "A mais antiga forma de seleção natural foi simplesmente a seleção de formas estáveis e a rejeição das instáveis. Não há mistério nisso. Isso tinha de acontecer por definição."[xix]

As observações de Dawkins são congruentes com as da Cabalá. Na terminologia Cabalística, uma molécula estável é aquela que abdica de seu próprio interesse em favor do interesse da molécula. As "formas estáveis" de Dawkins, portanto, são sinônimos das "moléculas corrigidas" da Cabalá, nas quais os átomos se tornaram "altruístas". Reciprocamente, nas moléculas instáveis (não corrigidas), um ou mais átomos se mantêm focados em seus interesses próprios.

Seguindo o mesmo procedimento das partículas e dos átomos, as moléculas começaram a se unir e a criar o que os biólogos chamam "interações moleculares" ou "conexões". O mesmo aconteceu com as moléculas, interações em que as moléculas se dedicaram à força e ao bem estar das conexões prosperaram, e aquelas cujas moléculas apoiaram apenas parcialmente a conexão se desintegraram.

Existem muitas formas de interações moleculares na natureza, mas há menos de quatro bilhões de anos, uma interação em particular marcou a mudança entre o estágio inanimado na Terra (e talvez no universo) e o vegetativo. Esse agregado especial de moléculas recebeu o nome de "Ácido Desoxirribonucleico", também conhecido como DNA (Imagem 2).

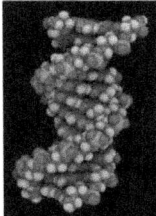

Imagem 2: Ácido Desoxirribonucleico, também chamado DNA

Nos átomos, as partículas assumem diferentes funções: alguns formam o núcleo e outras formam a parte externa ou casca, por exemplo. Similarmente, nas moléculas, os átomos assumem diferentes funções e devem aderir a formas rígidas de conexão. E finalmente, na interação molecular, cada molécula exerce uma diferente função.

Com o aparecimento do DNA, porém, as coisas começaram a mudar. O DNA não é mais uma estrutura feita de diferentes moléculas que formam uma estrutura. Ele é uma estrutura que pode *interagir* com outras estruturas, e a cada estrutura é atribuída uma função diferente. Essas, combinadas, servem ao bem da *estrutura*. Em biologia, essas estruturas são chamadas "células" ou "organismos unicelulares" e constituem a mais primitiva forma de vida.

Pode-se argumentar que, essencialmente, esses organismos funcionam quase que da mesma maneira que os átomos, as moléculas ou as estruturas moleculares introduzidas antes. A estrutura única criada em torno do DNA, no entanto, permite que ocorram duas funções até então inexistentes: 1) O DNA é a primeira estrutura conhecida na natureza que pode replicar a si mesma, bem como replicar as estruturas moleculares que o suportam! 2) Células são as primeiras estruturas que sistematicamente interagem com seu ambiente. Elas absorvem nutrientes de seu ambiente, processam-nos para extrair a energia de que necessitam para sua sobrevivência e então excretam os resíduos. Além disso, as células podem repetir com precisão esse processo tantas vezes que podem de fato *transformar seu ambiente*.

Há muitas definições do que é a vida. Para ficar de um lado seguro, escolho a definição apresentada pela *Enciclopédia Britânica*: "Matéria que apresenta certos atributos, que incluem responsividade, crescimento, metabolismo, transformação de energia e reprodução."[xix] As primeiras células, chamadas "procariontes", possuíam todos esses atributos e representaram uma evolução direta da interação molecular. Assim, o começo da vida como conhecemos deveu-se à mesma lei pela qual todos os sistemas atingem equilíbrio e sustentabilidade — os constituintes abdicam de seus interesses próprios em benefício do interesse de seu sistema hospedeiro, para, em contrapartida, o sistema cuidar deles.

Vegetativo

Como dissemos acima, os primeiros organismos vivos foram células primitivas, conhecidas como "procariontes". Assim como ocorreu com os minerais na fase inanimada, os procariontes ficaram mais complexos.

A fase vegetativa na evolução da vida corresponde ao Estágio Dois. A diferença entre o Estágio Um e o Estágio Dois é que o Estágio Um é passivo — recebendo o que a Natureza lhe dá —, enquanto o Estágio Dois reage a isso, desejando dar em retorno. Similarmente, as plantas respondem ao seu ambiente e interagem com ele. Seu produto, o oxigênio, é um presente da flora para o nosso mundo e é um elemento tão vital para a vida, que, sem ele, a evolução como conhecemos não seria possível.

Em sua "Introdução ao Livro do Zohar"[xix], Ashlag explica que o nível vegetativo do desejo de receber, como manifestado nas plantas, revela um desejo de receber mais intenso. Por essa razão, as estruturas criadas por ele são mais complexas e causam um impacto mais perceptível em seu ambiente.

Também, ao contrário dos minerais, as plantas são espécimes individuais, com sua própria reprodução, alimentação e até mecanismos de migração. Ainda, como os minerais, todas as plantas têm comportamento semelhante — aderindo com precisão ao programa instalado nelas pelo Criador. Elas abrem suas pétalas (se tiverem) ao mesmo tempo pela manhã e fecham-nas ao mesmo tempo à tarde, e seguem quase exatamente o mesmo procedimento de todos os outros espécimes em suas espécies.

Dessa maneira, de acordo com a lei de abdicar de seu interesse próprio, como descrito na seção anterior, as células continuam a evoluir, produzindo estruturas cada vez mais intrincadas e complexas. Primeiramente, elas congregam células simples em grandes colônias. Então, gradualmente, começam a perceber que poderiam se beneficiar, atribuindo diferentes funções a diferentes grupos de células. Algumas células se tornam "caçadoras", provendo alimento para a colônia inteira, outras células se tornam guardiãs, outras ainda se tornam limpadoras e cada grupo contribui com o seu melhor para a comunidade.

Conforme dissemos anteriormente sobre a colaboração das partículas, a colaboração dos diferentes órgãos não é coincidência. Ela se baseia em estruturas similares que existem no mundo espiritual, reino altruísta. A descrição dos mundos espirituais (altruístas) que fornecemos nos Capítulos 2 e 3 é uma versão muito básica deles. Em *O Estudo das Dez Sefirot*[xix], Baal HaSulam fornece uma análise detalhada da estrutura interna do *Partzuf* que discutimos anteriormente e explica os sistemas, como o sistema digestivo, o sistema reprodutor, mãos, pernas, etc.

Baal HaSulam, entretanto, descreve todos esses elementos como interações entre o desejo de doar e o desejo de receber. Eles *não* são nenhum tipo de objeto físico, embora seu comportamento sirva como um "protótipo" para o comportamento de sistemas similares em nosso mundo. Em Cabalá, um protótipo é chamado "raiz", e todos os seus desdobramentos são chamados "ramos".

Além da vantagem óbvia que o tamanho das colônias tem sobre células individuais, retornando ao tópico da evolução, células em colônias têm outra vantagem sobre células individuais: elas podem se concentrar em uma única tarefa e assim aperfeiçoar seu desempenho, aumentando sua contribuição à colônia e confiando nas células companheiras para prover suas outras necessidades. Células isoladas, por outro lado, precisam atender a todas as necessidades de sustento por si mesmas. Essa eficiência elevada significa que as colônias gastam menos energia para produzir a mesma quantidade de comida, calor, proteção e qualquer outra necessidade. Ainda, abdicando de seu interesse próprio, as células começam a se diferenciar.

Com a evolução da diferenciação celular, maiores, mais fortes e mais diversificadas plantas apareceram. Ao permitirem que algumas células se concentrassem exclusivamente na absorção da água do solo e outras focassem a fotossíntese, as plantas começaram a atribuir a certas seções da colônia, e não apenas a determinadas células, tarefas específicas. Isso resultou no aparecimento de *órgãos*, tais como raiz, tronco, galhos e folhas, que permitiram a evolução de plantas de alto nível. Assim como antes, o fator determinante do sucesso ou da falha do novo estágio evolucionário foi o "consentimento" das células ou órgãos dentro do sistema hospedeiro em abdicar de seu interesse próprio em favor do sistema inteiro, nesse caso, a planta.

Animado

Por cerca de dois bilhões de anos, as plantas dominaram o planeta Terra. O desejo de receber que quebrou o *Partzuf* de Adão, porém, possuía mais facetas que precisavam de correção, isto é, era necessário serem ensinadas a trabalhar como um sistema, abdicando de seu interesse egoísta em prol do interesse do sistema hospedeiro. Como os desejos continuaram a emergir, aqueles que eram correlacionados ao Estágio Três dos quatro estágios começaram a se manifestar, criando formas de vida mais complexas.

Por causa de seu alto nível de desejo, explicado por Ashlag em sua "Introdução ao Livro do Zohar", cada espécime pertencente ao Estágio Três tinha um elevado senso de autodeterminação e um maior desejo por autonomia. Assim, enquanto os espécimes continuaram a se reconhecer como partes de uma espécie, começaram a desenvolver identidades individuais.[xix]

Os corais, por exemplo, que evoluíram há aproximadamente 500 milhões de anos, estão entre as primeiras espécies de animais a surgir. Alguns desenvolveram (uma forma primitiva de) músculos que permitiram seu movimento, e assim se tornaram aptos a se moverem com relativa liberdade. Além do mais, diferentemente das plantas, que proveem suas necessidades nutricionais pela fotossíntese, os corais precisam se prender a outros organismos para se sustentar e frequentemente contêm células de algas que realizam a fotossíntese e asseguram o suprimento de carboidratos (açúcares) (Imagem 3).

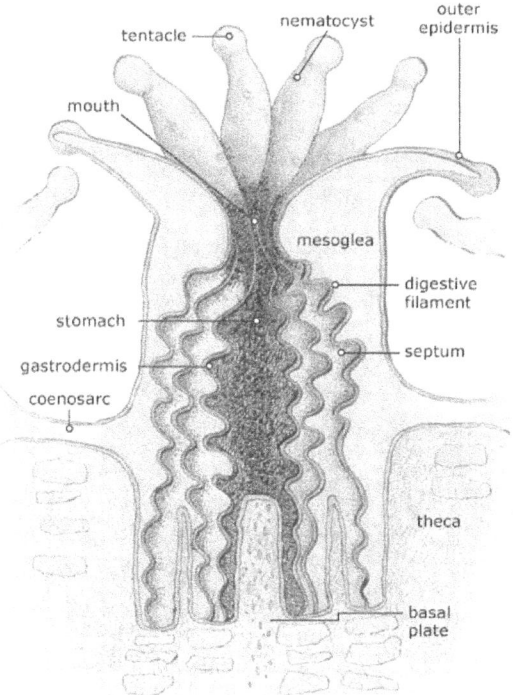

Imagem 3: Ao contrário das plantas, que fazem fotossíntese para sua nutrição, corais se alimentam se prendendo em outros organismos.

Os corais, no entanto, possuem outra forma de tecido característico dos animais: nervos. O surgimento do sistema nervoso, particularmente do Sistema Nervoso Central (SNC), permitiu maior controle sobre as funções do organismo e facilitou a evolução da fauna diversificada que existe hoje.

Abaixo está uma linha do tempo muito aproximada dos 3,8 bilhões de anos da história da vida na Terra, demonstrando como os desejos se manifestam na evolução:

Inanimado — Estágio Um

- 3,8 bilhões de anos até o surgimento de células simples (procariontes);

Vegetativo — Estágio Dois

- 3 bilhões de anos até o surgimento de fotossíntese;
- 2 bilhões de anos até o surgimento de células complexas (eucariontes);
- 1 bilhão de anos até o surgimento de vida multicelular.

Animado — Estágio Três

- 600 milhões de anos até o surgimento de animais simples;

- 570 milhões de anos até o surgimento de insetos;
- 550 milhões de anos até o surgimento de animais complexos;
- 500 milhões de anos até o surgimento de peixes;
- 475 milhões de anos até o surgimento de plantas terrestres;
- 400 milhões de anos até o surgimento de sementes;
- 300 milhões de anos até o surgimento de répteis;
- 200 milhões de anos até o surgimento de mamíferos;
- 150 milhões de anos até o surgimento de aves;
- 130 milhões de anos até o surgimento de flores;
- 65 milhões de anos até a morte de dinossauros não alados.

Humano (Falante) — Estágio Quatro

- 2,5 milhões de anos até o surgimento do gênero Homo;
- 200.000 anos até o surgimento do Homo Sapiens.

Como podemos ver na lista acima, a evolução das espécies e a evolução dos desejos correspondem bastante bem. O próximo capítulo será dedicado ao aparecimento e à evolução do Estágio Quatro do desejo de receber na Terra —"o falante" — ou seja, o ser humano.

[xix] Nobel Lecture by Ada E. Yonath, http://nobelprize.org/mediaplayer/index.php?id=1212&view=1

[xix] Ashlag, "Preface to the Wisdom of Kabbalah," in *Kabbalah for the Student*, 567-568

[xix] Yehuda Ashlag, *Talmud Eser Sefirot* (*The Study of the Ten Sefirot*), Part 1 (Israel: Ashlag Research Institute, 2007), 5

[xix] "Where Did All the Elements Come From??" Haystack Observatory, an interdisciplinary research center of the Massachusetts Institute of Technology (MIT) (August 11, 2005), http://www.haystack.mit.edu/edu/pcr/Astrochemistry/3%20-%20MATTER/nuclear%20synthesis.pdf

[xix] "Helium-3 in Milky Way Reveals Abundance of Matter in Early Universe," National Radio Astronomy Observatory (January 2, 2002), http://www.nrao.edu/pr/2002/he3/

[xix] Richard Dawkins, *The Selfish Gene* (New York: Oxford University Press Inc., 1989), 13

[xix] Lynn Margulis, Carl Sagan, Dorion Sagan (Primary Contributors), "Life," *Encyclopædia Britannica*, http://www.britannica.com/EBchecked/topic/340003/life

[xix] Ashlag, "Introduction to the Book of Zohar," in *Kabbalah for the Student*, 128

[xix] Yehuda Ashlag, *Talmud Eser Sefirot* (*The Study of the Ten Sefirot*), Parts 10-12 (Israel: Ashlag Research Institute, 2007), 865-1296

[xix] Ashlag, "Introduction to the Book of Zohar," in *Kabbalah for the Student*, 128

Capítulo 5: Gênero Homo

Assim como o Estágio Quatro é uma evolução natural do desejo de receber, o seu paralelo corpóreo, os seres humanos, surgiu através de um processo natural de evolução seguindo os mesmos princípios explicados nos capítulos anteriores.O gênero Homo (humanóide macaco) apareceu pela primeira vez cerca de 2,5 milhões de anos, e evoluiu como todas as outras espécies, por seleção natural. Tal como acontece com os animais, os hominídeos que eram mais saudáveis e mais fortes sobreviveram e aqueles que eram menos pereceram.

No entanto, os hominídeos, e principalmente a mais recente evolução da espécie, Homo sapiens, investiu muito mais energia e tempo sobre as relações sociais do que qualquer outra espécie. Embora muitas espécies, como os golfinhos, os chimpanzés e os lobos, cultivem relações sociais intrincadas, as estruturas sociais nas sociedades humanas são dinâmicas e *evolutivas* por natureza.

A este respeito, Baal HaSulam escreveu na "Introdução ao Livro do Zohar", que ao contrário dos animais, os seres humanos têm a capacidade de simpatizar com as dores e alegrias dos outros, e os animais não. Ao declarar isso, Baal HaSulam não estava se referindo à empatia como muitas vezes é exibida por animais entre mães e filhos, e mesmo entre os espécimes não relacionados de uma mesma espécie. Em vez disso, aqui ele fala de um mecanismo inteiramente novo do desejo de receber: a evolução por inveja.

No item 38 da introdução que acabamos de mencionar, Ashlag explica a diferença entre desejos em humanos e animais, e como a inveja aumenta nossos desejos: "O desejo de receber no animal, que não tem a sensação de outros, só pode gerar necessidades e desejos na medida em que eles são impressos nessa mesma criatura. "

Em outras palavras, se um animal sabe que comer é bom, ele pode querer ajudar a um outro animal obter comida, também. "Mas o homem", continua Ashlag ", que pode sentir os outros, torna-se carente de tudo o que os outros possuem, também, e é, portanto, cheio[xix] de *inveja* para adquirir tudo o que os outros têm."

Assim, mesmo quando já tivemos a nossa porção de comida, abrigo, e todos os outros bens essenciais, nossa inveja constantemente nos obriga a querer mais: uma casa maior, crianças mais fortes, saudáveis, mais bonitas (e de preferência todos os acima), um grande lote de terra ... a lista é tão longa quanto a lista de desejos humanos. A este respeito, Ashlag cita um texto que data de 1.500 anos atrás, do Midrash, "Aquele que tem cem, deseja ter 200, assim as necessidades sempre se multiplicam, até que a pessoa queira devorar tudo o que há no mundo inteiro."

De fato, o aparecimento do Homo sapiens marcou o que parece ser uma mudança em direção da evolução. Os Homo sapiens, ao que parece, não estavam focados em desenvolver um físico mais forte, mais adaptável e ágil, mas no desenvolvimento de seus intelectos, e ainda mais surpreendentemente, na auto-expressão. Hoje, como Twenge e Campbell mostraram no acima mencionado O Narcisismo Epidemico, isso se tornou uma epidemia de auto - apoderamento. Assim, vemos como o Homo sapiens é a representação terrena do Estágio Quatro do desejo de receber - o desejo de tornar-se onipotente e onisciente.

O Início do Ego

As palavras acima citadas de Ashlag marcam um ponto decisivo não só na história da evolução humana, mas tambem na evolução do universo. A (exclusivamente humana)-evolução por inveja mudou a direção da evolução. Até o surgimento do ego humano, as criaturas evoluíram com sucesso se seus órgãos internos cooperavam, seguindo o princípio de renúncia pelo interesse próprio em favor do interesse do sistema, e deixando que o sistema cuidasse do bem estar deles.

No entanto, é importante notar que a regra de Renúncia de Interesse próprio em favor do interesse do sistema não se aplica apenas aos órgãos e tecidos dentro de uma criatura. Os organismos não existem no vácuo, eles são ramos, como dissemos no capítulo anterior, de raízes que apareceram no reino espiritual. Por esta razão, eles operam da mesma forma que os sistemas espirituais operam - rendendo o auto-interesse perante o interesse do sistema hospedeiro ou sucintamente: altruisticamente. O sistema hospedeiro deles - os ecosistemas em que organismos vivem, - observa a mesma regra, já que nenhuma outra regra permite a perpetuação da vida.

Por esta razão, a regra de auto-interesse que mencionamos ao longo do livro aplica-se tão rigorosamente à funcionalidade da criatura dentro de seu ambiente. Assim, se o físico de uma criatura funciona bem sob certas condições ambientais, mas as condições mudam, o físico desta criatura pode tornar-se inadequado e até mesmo inferior ao das criaturas com uma estrutura interna menos sustentável, porém com uma maior adaptabilidade aos seus ambientes.

Aparentemente, tal era o caso com a extinção dos dinossauros. Durante 165 milhões de anos, os dinossauros dominaram a Terra. Mas cerca de 65 milhões de anos atrás, eles desapareceram dentro de um prazo relativamente curto. Teorias sobre a razão para seu desaparecimento são muitas, mas nenhuma resposta conclusiva foi encontrada.

Uma possibilidade é a teoria do meteorito. De acordo com o Serviço Geológico dos EUA (USGS), "Há agora uma evidência comumente aceita de que o impacto de um meteorito foi, pelo menos, a causa parcial desta extinção." Mas, enquanto não há consenso científico em torno da causa ser o impacto de meteorito, há de fato um consenso de que, conforme publicado pela University of California Museum of Paleontology, "Houve uma alteração climática global, o ambiente mudou de quente e suave na era Mesozóica [era dos dinossauros] para mais frio e mais variado na era Cenozóica [era dos mamíferos]".

Assim, se foi um meteorito ou qualquer outra coisa que mudou o clima, houve uma mudança brusca de ambiente à qual os dinossauros (e cerca de cinquenta por cento das espécies vivas na Terra, na época) não poderiam se adaptar. E assim, elas se extinguiram.

Para sobreviver, os dinossauros e quase todos os outros animais devem cumprir a mesma lei em relação a seu meio ambiente como os seus órgãos internos o fazem: ceder o interesse próprio em favor de interesse do sistema, em troca do atendimento do sistema para eles. Quando a regra é violada em todo o ecosistema, mesmo que não intencional por parte dos animais, a extinção ocorre em uma escala colossal, simplesmente porque eles não se adaptaram rápido o suficiente.

Um exemplo mais recente, e muito mais bem-sucedido de adaptação do animal à mudança das circunstâncias foi relatado por Swanne Gordon, da Universidade da Califórnia, em um ensaio intitulado "A evolução pode ocorrer em menos de dez anos", publicado na Science Daily. "Gordon e seus colegas estudaram guppies - pequenos peixes de água doce (Imagem número 4) que biólogos têm estudado por muito tempo. Eles introduziram os guppies no rio mais proximo, o Damier , em uma seção acima de uma barreira de cachoeira que excluía todos os predadores. Os guppies e seus descendentes também colonizaram a porção inferior do rio, abaixo da barreira da cachoeira, que continha predadores naturais. Oito anos mais tarde ..., os pesquisadores descobriram que os guppies que se encontravam no ambiente de baixa predação tinham se adaptado ao seu novo ambiente produzindo descendentes maiores e em menor quantidade, a cada ciclo reprodutivo. Tal adaptação não foi vista nos guppies que colonizaram o ambiente de alta predação ... "As fêmeas do ambiente de alta predação investem mais recursos na reprodução atual, porque a alta taxa de mortalidade, causada pelos predadores, significa que essas fêmeas podem não ter outra oportunidade de se reproduzir," explicou Gordon. "As fêmeas do ambiente de baixa predação, por outro lado, produzem embriões maiores porque os filhotes maiores são mais competitivos em ambientes de recursos limitados, típicos de lugares de predação baixa. Além disso, as fêmeas de predação baixa reproduzem menos embriões não só porque elas têm embriões maiores, mas também porque elas investem menos recursos na reprodução atual. "

{Imagem No.4: O Guppy Trinidad, o tipo usado para a experiencia do Rio Damier
(Imagem: Photobank Lori)

Em alguns casos, quando necessário, a fim de aumentar suas chances de sobrevivência, os organismos (embora apenas um vírus, neste caso) podem até "devolver" a si mesmos. Tal foi o caso com o vírus Mixoma e os coelhos europeus na Austrália (Imagem No.5) Cerca de 150 anos atrás, duas dúzia de coelhos foram liberadas na selva na Austrália, na esperança de que eles iriam se reproduzir o suficiente para ser caçados por esporte. Mas os coelhos se reproduziram com tanto sucesso que dentro de algumas décadas, eles ameaçaram romper o equilíbrio da vida selvagem em todo o continente australiano. Wendy Zukerman, uma repórter da New Scientist Magazine, publicou uma descrição detalhada do episódio na ABC Science. Em seu relatório, ela escreve: "Por volta de 1920, a população de coelhos da Austrália havia aumentado para 10 bilhões."

Imagem no.5: coelho europeu na Austrália (Imagem: Photobank Lori)

As autoridades da Austrália fizeram grandes tentativas para conter a população de coelhos, mas só foram bem sucedidas em 1950. Naquele ano, continua Zukerman, "o agente de controle biológico, o vírus Myxoma foi introduzido no continente da Austrália." Como resultado, "Mixomatose [a doença causada pelo vírus] causou enormes reduções no número de coelhos. Em algumas áreas 99 por cento dos coelhos foram mortos."

Mas, em vez de extinguir os coelhos europeus na Austrália, a sua população se estabilizou gradualmente e até cresceu em algumas áreas. Claramente, o vírus tornou-se menos eficaz. Quando os investigadores procuraram a razão de menor impacto do vírus, eles descobriram que havia sofrido mutação para uma *forma* mais branda, que matou apenas 40 por cento dos coelhos infectados. Assim, os pesquisadores concluíram que, porque os coelhos foram os unicos hospedeiros do virus, ele se transformou em um tipo menos agressivo, o que garantiu a sobrevivência dos coelhos, e como resultado, a persistência do vírus, também.

Ao enfraquecer-se, o vírus aparentemente agia contra seu próprio interesse, dando ao sistema imunológico dos coelhos uma melhor chance de combatê-lo. Mas o resultado real de seu enfraquecimento auto-induzido foi a garantia de que ele teria um hospedeiro para as gerações vindouras. Na verdade, até hoje, mixomatose é responsável por muitas mortes entre os coelhos, mas não o suficiente para extingui-los por completo. Parece que os coelhos e o vírus alcançaram um equilíbrio e, portanto, uma co-existência.

O homem- a única exceção

Na seção anterior, vimos como o estado de ceder o auto-interesse em prol do interesse do sistema, em troca de atendimento do sistema, aplica-se não só a todos os organismos, mas também à funcionalidade do organismo no seu habitat (ecosistema). No entanto, há uma exceção à regra: o homem. Para entender por que o homem é diferente de todos os outros animais, precisamos refletir sobre as quatro fases. Os Estágios Um a Três refletem desejos de receber prazer de um doador, seja por receber prazer diretamente ou por retornar o seu prazer. Mas Estágio Quatro é essencialmente diferente: ele reflete um desejo de *ser* o doador.

Em outras palavras, o Estágio Quatro deseja alcançar um objetivo que é, por definição, inatingível. Assim como um filho não pode ser seu pai, o Estágio Quatro não pode ser o Estágio Zero. Mas, assim como um filho pode ser *parecido com* seu pai, o Estágio Quatro pode ser parecido com Estágio Zero.

Sendo um desejo de receber, e sabendo que ser como o Estágio Zero, a Raiz, é a recompensa mais alta possível, isto é o que o Estágio Quatro deseja alcançar. Como resultado, nós - a sua personificação corpórea- nos esforçamos para alcançar o mesmo.De forma subconsciente, nossos desejos de fama, poder, riqueza, erudição, e imortalidade são realmente desejos de nos assemelharmos a Deus. Nenhuma pessoa escapa a esses desejos, pois somos todos partes do Estágio Quatro, que foi quebrado, junto com a alma de Adam. As únicas variações entre os seres humanos estão na intensidade e proporção desses desejos, mas não em seus componentes.

Evidentemente, há pessoas cujos desejos de fama, fortuna e brilho são muito pequenos, estas são pessoas simples, satisfeitos com um abrigo, uma família e um sustento muito básico. Em tais pessoas, os desejos do Estágio Quatro são menos dominantes, daí, elas terão metas menos ambiciosas. Porém, mesmo no indivíduo mais calmo existe um "diabo" que deseja um pouco mais do que o seu vizinho possui. Estes são os desejos do Estágio Quatro- o senso de apossamento sobre o qual Twenge e Campbell escreveram - e eles são quase que exclusivamente humanos.

Estes desejos são também o que nos faz de exceção à regra que governou a evolução até o surgimento do Homo sapiens. Porque os seres humanos possuem uma aspiração inata para se tornarem como o Criador, nós tendemos a ser ativos na nossa abordagem aos desafios, ao invés de nos adaptarmos passivamente às condições, como os outros animais. Assim, em vez de adaptarmos o nosso corpo da melhor forma que pudermos para as mudanças climáticas ou a ameaças, tentamos mudar o clima ou eliminar as ameaças.

Um desses esforços foi mudar o nosso "microclima pessoal", nosso entorno imediato, cobrindo nossas peles com as de animais, cuja pele nos dá melhor proteção contra os elementos do que a nossa. E, em vez de confiar em nossa força física (claramente insuficiente) para conseguir o nosso alimento, desenvolvemos ferramentas cada vez mais sofisticadas para nos ajudar na caça, bem como para proteger-nos contra animais predatores. Hoje há evidências inequívocas de que os primatas, alguns mamíferos, e até mesmo pássaros usaram ferramentas tais como pedras, ramos e galhos para ajudá-los em adquirir alimentos e para lutar. Mas a produção sistemática de ferramentas e de armas, tais como entalhar pedras e ossos para lanças, é uma habilidade exclusivamente humana (Imagem no.6)

Imagem no. 6 6: machados de mão de Kent (Inglaterra), feitos durante o período
Paleolítico Inferior (Idade da Pedra Lascada), 2,5 milhões e 200 anos atrás.

Outra descoberta muito importante que os primeiros seres humanos (Homo erectus)
fiseram foi o controle do fogo. O fogo permitiu aos humanos manter o seu habitat
quente, afastar animais predadores, e até mesmo cozinhar. A descoberta de maneiras de
fazer e de controlar o fogo marca uma mudança drástica na evolução. O homem era
agora um animal que podia mudar seu ambiente para adaptá-lo às suas necessidades, em
vez de mudar a si mesmo para se ajustar ao ambiente.

De acordo com um documento intitulado "A Grande Era Glacial", lançado pelo Serviço
Geológico dos EUA, "A Grande Era Glacial ... começou há cerca de um milhão ou mais
de anos atrás. " Os vastos lençóis de gelo permitiram aos humanos migrar da África e,
aos poucos, se se espalharem por todo o mundo. Com fogo e roupas, eles poderiam se
sustentar em climas menos hospitaleiros e, assim, tornaram-se os mamíferos mais
adaptáveis e onipresentes na terra.

O Corpo versus a mente

Um aspecto mais profundo e muito mais importante da mudança na evolução que o
aparecimento do homem representa é que, diferentemente de outros animais que
desenvolvem os seus corpos, os seres humanos desenvolvem as suas *mentes*. Para lidar
com o perigo ou para obter alimento, os animais tentam fugir ou combater seus
atacantes ou presas.

Os seres humanos, em vez disso, construíram armas. Para enfrentar o frio, os animais
criam uma pele grossa e camadas de gordura hipodérmica. Humanos acendem
fogueiras.

O uso do intelecto em vez do corpo para obter o que desejam também permite aos seres
humanos planejar o futuro. Enquanto alguns animais armazenavam alimentos para o
inverno, somente os seres humanos *cultivavam* alimentos e se livravam da vegetação
indesejável limpando a terra para dar espaço para as plantas que *lhes* serviriam de

alimento. De acordo com a maioria dos pesquisadores, a agricultura começou entre 10.000 e 15.000 anos atrás no Crescente Fértil (apesar de novos dados coletados por uma equipe liderada pelo Dr. Robin Allaby da Universidade de Warwick que encontrou provas de que a agricultura de plantas começou na Síria algo como 23 mil anos atrás).

Embora a capacidade do homem para cultivar alimentos possa parecer muito barulho por nada hoje, foi quando os humanos começaram a cultivar a terra, que, em certo sentido, tornaram-se criadores - eles começaram a mudar seu meio ambiente. Este é um feito que apenas o desejo de Estágio Quatro pode conceber.

No entanto, junto com o progresso chegam os problemas. Todas as criaturas, com exceção do homem, devem aderir às regras do seu ecossistema, ou perecerão. O homem é o único organismo que pode planejar e executar a mudança em seu ambiente conforme sua própria vontade. Quando isso acontece, o homem deve aprender as regras pelas quais os ecosistemas funcionam, ou as alterações podem revelar-se desastrosas para o ecosistema e, consequentemente, para seus habitantes, incluindo o homem.

No Capítulo 4, dissemos que no corpo humano, como em qualquer organismo, cada célula tem um papel particular. Além disso, nós escrevemos: "Para que o organismo possa persistir, cada célula deve desempenhar sua função ... e atender ao objetivo de manter a sua própria vida, antes do objetivo de manter a vida de seu organismo hospedeiro. Se a célula começa a agir de forma contrária a este princípio, os seus interesses entram logo em conflito com os do corpo e os mecanismos de defesa do corpo ... a destróem. "

Da mesma forma, quando o homem tornou-se potente o suficiente para alterar o seu ecossistema, ele teve que aprender a se comportar como uma célula de um organismo, abstendo-se de pôr em risco a sustentabilidade do sistema ao risco do sistema precisar se livrar do perigo eradicando a raça humana por completo, ou por se auto-eliminar, matando a raça humana no processo, como descrito em relação ao câncer. Hoje, eu acredito que é bastante evidente que a Natureza já está "tomando medidas compensatórias" para equilibrar as ações prejudiciais dos seres humanos.

Mas dez ou mais milênios atrás, as coisas eram muito diferentes do que são agora. O Homo sapiens estava apenas começando a desfrutar dos benefícios do conhecimento e da tecnologia e o conceito de seres humanos arriscando seu habitat não estava na mente de ninguém. O desenvolvimento da agricultura mudou os estilos de vida das pessoas, da caça e coleta para um comportamento mais sedentário, e uma das conseqüências disso foi a aceleração do desenvolvimento tecnológico.

Outra questão importante que *estava* na mente das pessoas naquela época (e ainda está, para muitos) é a religião. Prof Jared Diamond, autor do aclamado *Armas de fogo, Germes, e Aço: O Destino das sociedades Humanas* disse em uma palestra intitulada *"A Evolução das Religiões"* na *University of Southern California,* que cerca de dez mil e quinhentos anos atrás, a religião mudou suas funções. Ele explicou que a religião tinha adotado um papel de explicar as coisas. A religião começou a explicar tudo o que era desconhecido e pouco familiar, e, portanto, provia consolo e confiança nas pessoas.

Mas a coisa importante a notar sobre religião nesse ponto não é tanto a direção na qual ela se desenvolveu, mas o próprio *fato de* que ela se desenvolveu. A existência de uma entidade, institucionalizada organizada que fornecia respostas significava que as pessoas estavam começando a fazer perguntas - perguntas profundas sobre o propósito da vida e as leis que a regem. Isto mais tarde levou ao surgimento da Cabalá, precisamente na mesma área que o Crescente Fértil, como vimos no Capítulo 1.

Além da evolução da religião, e porque os avanços agrícolas que acabamos de mencionar encorajaram as pessoas a abandonarem seu estilo de vida nômade para um estilo mais sedentário, a população no Crescente Fértil começou a crescer. E quando os desenvolvimentos tecnológicos, como a invenção da roda, incentivaram um maior desenvolvimento e urbanização, as formas mais organizadas de governo e religião seguiram. Assim, a Mesopotâmia tornou-se gradualmente o que hoje chamamos o "berço da civilização."

I (ibid.)

ii (ibid.)

iii (ibid.)

 iv (ibid.)

v United States Geological Survey (USGS), "Por que os dinossauros morreram?"(17 de maio de 2001), http://pubs.usgs.gov/gip/dinosaurs/die.html

vi University of California Museum of Paleontology ", o que matou os dinossauros?"(Janeiro 2009), http://www.ucmp.berkeley.edu/diapsids/extinctheory.html

vii "A evolução pode ocorrer em menos de dez anos," *Science Daily* (15 de junho de 2009), http://www.sciencedaily.com/releases/2009/06/090610185526.htm

viii Wendy Zukerman, batalha da Austrália com o coelho, a *ABC Science* (08 de abril de 2009), http://www.abc.net.au/science/articles/2009/04/08/2538860.htm

ix (ibid.)

x (ibid)

xi Louis L. Ray, "A Grande Era Glacial," Pesquisa Geológica dos EUA (27 de setembro de 1999), http://pubs.usgs.gov/gip/ice_age/ice_age.pdf

xii Robin Allaby, "Investigação empurra para trás a história do desenvolvimento da cultura 10 mil anos", Universidade   de   Warwick   (19   de   setembro   de   2008), http://www2.warwick.ac.uk/newsandevents/pressreleases/research_pushes_back/

xiii Jared Diamond, *Guns, Germs, and Steel: O Destino das Sociedades Humanas* (NY: Norton & Company, 1997)

Jared Diamond, "A Evolução das Religiões" (Enviado por RabidApe, 26 de maio de 2009), http://www.youtube.com/watch?v=GWXr7pXoCTs

Capítulo 6: Em Direções Opostas

Como mencionado no Capítulo 1, a Mesopotâmia, o berço da civilização, foi também o berço de Abraão, o precursor da Cabalá. O conflito entre Abraão e Nimrod, governante de Babilônia, significa muito mais que um conflito entre um governante e um **súdito** desafiador. É um conflito de *percepções*. Para Nimrod, a realidade é uma "federação" de forças que ele deve agradar, servir e acalmar por meio de sacrifícios. Para Abraão, há apenas uma força, e adorá-lo significa viver pela sua lei—lei de doação, simples assim. Considerando-se este contraste de pontos de vista, não é de admirar que Nimrod tivesse que destruir a Abraão ou expulsá-lo.

Mas a partida de Abraão da Babilônia não acalmou a polis. **As tendências que induziram Abrão a buscar pelo segredo da vida** continuaram a se intensificar e se espalhar pela cidade agitada, alimentados pelas mesmas forças que impulsionam o processo de evolução. No entanto, na Babilônia, estas tendências começaram a manifestar uma conduta que é unicamente humana— o egoísmo.

Baal HaSulam explica que o egoísmo é uma característica natural para os seres humanos. Ele declara que é da natureza humana, e que a Cabalá oferece uma maneira de transformar suas evidentes consequências negativas em positivas. Em "Paz no Mundo", ele escreve: "Em palavras simples diremos, que a natureza de cada e toda pessoa é explorar a vida de todos os outros povos do mundo para seu próprio benefício. E tudo o que ele dá para o outro é apenas por necessidade, e mesmo assim nela há exploração dos outros, mas é feito ardilosamente, para que seu vizinho não note isso e conceda de bom grado ".i

Mas antes de nos aprofundarmos na solução que a Cabalá oferece ao egoísmo humano, precisamos entender como o desejo de receber, inicialmente criado pelo desejo de doar—o Criador—tornou-se egoísmo. "A razão para isso", continua Ashlag, "é que ... a alma do homem [desejo] estende-se do Criador, que é um e único. ... Daí, o homem também... sente que todas as pessoas no mundo devem estar sob seu governo ", assim como toda a natureza é regida pela lei de doação, o Criador.

Além disso, ao contrário de todos os outros elementos da Natureza, que são forçados a se comportar em congruência com o seu ambiente, os seres humanos têm o poder de mudar o meio ambiente. Isto nos dá algo que nenhuma outra criatura possui: a livre escolha. Em outras palavras, os seres humanos podem escolher ser como o Criador— doando—e, adquirir o poder e o conhecimento que vêm com ele, ou permanecer como nascemos egocêntricos e limitados.

Quando os estágios de desejos caem em cascata a partir do desejo de doar, o desejo de receber evoluiu com cada nova etapa. No mundo físico, também, a evolução dos desejos se manifesta em diferentes estágios de evolução (Figura 9.): Na parte inferior da pirâmide estão os minerais e os materiais inanimados. Ainda assim este é o Nível Inanimado, correspondente à Primeira Fase. Acima dele está a flora—correspondente a Segunda Fase, encimado pela fauna—Estágio Três, e acima de tudo está o homem (falante) —Estágio Quatro.

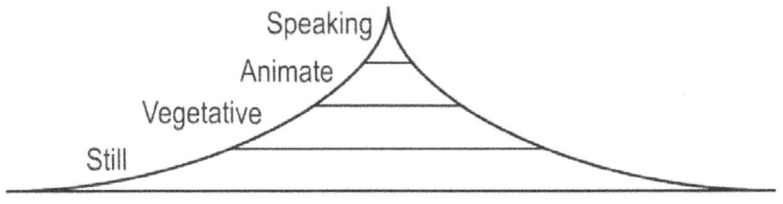

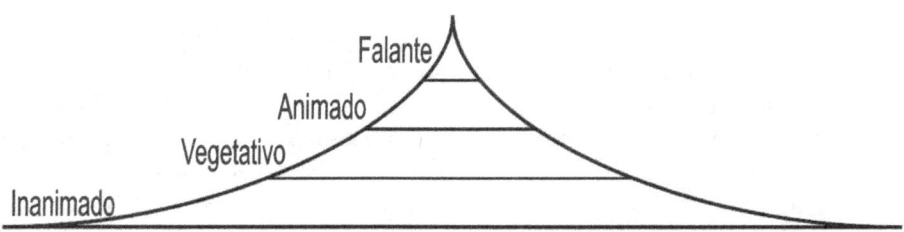

Figura 9: Pirâmide dos Desejos. O topo da pirâmide também é a parte que a governa e, portanto, a parte que tem livre escolha de como fazê-lo e a responsabilidade de fazê-lo direito.

Considerando que tudo o que existe é o desejo de doar e seu desdobramento, o desejo de receber, é evidente que o nível falante (nós), possuindo o mais intenso, sofisticado e complexo desejo de receber, não somos apenas uma parte inseparável da Criação, mas o seu ápice e governante. E assim como o cérebro governa todo o corpo, mas também é completamente dependente dele para sua sobrevivência, devemos aprender a governar e cuidar de toda a pirâmide da Criação, se quisermos sobreviver.

A Pirâmide dentro da Pirâmide

A razão pela qual Abraão foi o único da sua geração a descobrir a força criativa da vida é que ele era um pedaço do *Partzuf* de Adão, que estava pronto para revelá-la. Mas o objetivo da Criação não é para apenas uma pessoa atingir o estado-semelhante ao Criador, mas para *toda* a humanidade alcançá-lo. Assim, a descoberta de Abraão não era **algo isolado**, mas um antecedente para um novo estágio na evolução espiritual da humanidade.

Abraão percebeu que a vida é uma pirâmide, cujo pico é a característica do Criador, doação. Ele também percebeu que os desejos humanos somente se intensificam, como têm feito desde o início da Criação. E finalmente, Abraão soube que essa consciência, além de ter o método de correção fornecido pela Cabalá, era a única maneira de evitar o colapso do sistema devido ao aumento do egoísmo. Mas na ausência de prova tangível, apenas alguns seguiram Abraão e **se uniram** em torno do objetivo de alcançar o Criador. Quando esses que foram com ele cresceram e se tornaram uma nação, eles foram nomeados **conforme** a sua meta: *Ysrael* (Israel), a partir das palavras hebraicas *Yashar El* (Direto a Deus).

Historicamente, Babel não entrou em colapso imediatamente ou mesmo logo após a partida de Abraão. Ela continuou a flutuar na dominância e destaque para mais de um milênio após sua partida, incluindo o reassentamento dos hebreus **em** Babel depois de seu exílio após a queda do Primeiro Templo. No entanto, do ponto de vista cabalístico espiritual, o triunfo de **Nimrod** em Babel selou sua condenação porque **perpetuou** a regra do egoísmo ao invés de altruísmo.

A cura inexistente

Na verdade, o método de Abraão era muito simples: em face do egoísmo elevado, uni-vos e assim **descobrireis** a qualidade de doação—o Criador. Como temos mostrado ao longo do livro, cada elemento na natureza se comporta desta forma. Os níveis iniciais do desejo de receber requerem organização muito limitada e formam pequenos sistemas, onde cada elemento dedica-se ao seu sistema hospedeiro. Nós chamamos esses sistemas elementares "átomos". Os níveis mais evoluídos de desejos colocam os átomos em sistemas que chamamos "moléculas". Como o desejo evolui ainda mais, esses sistemas evoluem e se organizam em sistemas ainda maiores chamados "células". Esses grupos em criaturas multicelulares, finalmente levando à criação de plantas, animais e seres humanos.

Em tudo isso, há apenas um princípio: o desejo de receber, todos os elementos desejam receber, e a única maneira de criar equilíbrio e sustentabilidade no sistema é **se unirem em** um sistema de nível superior. Este é o método de Abraão buscou *conscientemente* emular.

Como já dissemos, o desejo de receber em seres humanos torna-se egoísmo, por causa do nosso senso de individualidade. Assim, o antídoto para o egoísmo é exatamente a mesma cura aplicada pela Natureza—a construção de um sistema ao qual todas as partes contribuirão e semearão seus auto-interesses. Em troca, o sistema irá garantir o bem-estar e sustentabilidade dos seus elementos. Os cientistas hoje desejam descobrir as condições que existiam no início do universo, recriando as condições em escala reduzida, em instalações como o CERN Hadron Collider na Suíça. Da mesma forma, imitando a conduta "natural" da Natureza, descobriremos sua lei de doação.

Na verdade, o *modus operandi* é muito simples: Se você pensa como um doador e age como um doador, temos que pelo menos considerar a possibilidade que você tem uma pequena quantidade de doação na sua natureza, citando a célebre paráfrase de Douglas Adam do "*Dirk Gently's Holistic Detective Agency*".[xix]

No entanto, a Natureza não nos **fornece** os instintos para imitá-la, como faz com o resto dos seus elementos. Porque somos feitos para sermos seus governantes, nossa tarefa é *estudar* essas regras por nós mesmos e, posteriormente, implantá-las. É por isso que, quando Nimrod expulsou Abraão, o único homem que poderia ensinar essa regra para os babilônios, ele também negou ao seu povo o método de conseguir a unidade—o único antídoto para o egoísmo crescente e a alienação entre o seu povo.

Após a saída de Abraão, Babel continuou exaltando o abandono egocêntrico. Mas, apesar do prazer e diversão não **contradizerem** o propósito da Criação—como sabemos desde as Fases Três e Um, que receberam o prazer do Criador—receber prazer não é o objetivo final, nem o maior deleite. O maior deleite do homem e objetivo final é tornar-se como o Criador, e a **babilônica** negação daquele objetivo é o que em última análise, arruinou-os. Enquanto Israel estava se formando como uma nação, como descrito no Capítulo 1, Babel experimentou **oscilações** violentas **enquanto** o egoísmo desenfreado de sua população se **intensificava**. Sua desintegração final no quarto século AC provou ser um processo longo, mas inevitável.

No entanto, Babel foi apenas a primeira etapa na construção do mais alto nível na pirâmide de desejos—o nível falante. Como com todos os outros elementos da Criação, o nível final da pirâmide consiste em uma raiz e quatro estágios de evolução dos desejos. Abraão é considerado o Estágio Raiz, daí seu epíteto, Avraham Avinu (Abraão Nosso Patriarca), referindo-se a ele como o progenitor da nação que se esforçou para chegar ao Criador. Mais tarde, como sabemos, ele se tornou conhecido como o pai de todas as três fés abraâmicas, as religiões monoteístas do judaísmo, cristianismo e islamismo.

Como os desejos continuaram a evoluir na humanidade, um novo nível de desejo na pirâmide surgiu no topo do nível Raiz, aproximadamente, quando o Egito estava em seu apogeu. Este nível corresponde à Etapa Um, e como a Etapa Raiz teve seu prenúncio em Abraão, a Etapa Um teve o prenúncio de si própria: Moisés. E assim como Abraão foi forçado por Nimrod **a sair de** Babel, Moisés teve de fugir do faraó e sair do Egito, como descrito no Pentateuco, "Mas Moisés fugiu da presença de Faraó, e habitou na terra de Midiã" (Êxodo 02:15). Para entender a importância da missão de Moisés, precisamos entender um conceito que inicialmente parece não estar relacionado — o conceito de livre escolha, como explica a Cabalá.

Livre Escolha

Como já foi discutido, a evolução da humanidade corresponde ao Estágio Quatro na evolução dos desejos. Nesta fase, o desejo de receber percebe que por trás de tudo o que ocorre está um pensamento, um propósito que dita esta série de mudanças. Em nossas vidas, isso se traduz na **tendência** de uma criança não apenas imitar as ações dos pais, mas querer *saber* o que eles sabem.

Para obter o pensamento do Criador, Estágio Quatro precisa de liberdade de pensamento e livre arbítrio, para que possa desenvolver suas percepções de forma independente. Da mesma forma, se você ensina uma criança a pensar e ver o mundo através de uma perspectiva estreita, ela será um soldado muito leal, mas provavelmente não um grande estrategista ou general. Esta também é a razão por que as crianças — especialmente na primeira infância, antes de nós **as acostumarmos** à indolência — desejam fazer as coisas por si **mesmas** em vez de deixar seus pais faze-las por eles.

Assim, a necessidade de livre escolha requer a nossa ignorância sobre a lei pela qual todas as criaturas alcançam o equilíbrio e sustentabilidade através da **submissão** do interesse pessoal ao interesse do sistema hospedeiro, para que possamos descobri-la por nós mesmos. Se soubéssemos que esta era a lei em **vigor, e que** é tão rígida quanto a lei da gravidade, não nos atreveríamos a desafiá-la. E se nós não tivéssemos escolha, senão segui-la, teríamos, na melhor das hipóteses, nos transformado em crianças obedientes, **mas permaneceríamos** crianças, sempre inferiores ao desejo de doar, que criou essa lei.

Para nos igualarmos ao Criador, devemos aprender como "construir" a Criação por nós mesmos, cada elemento dentro dela, a razão para sua existência, como e quando ela surgiu, e se e quando vai expirar. **Para aprendermos isto**, a evolução criou a infra-estrutura perfeita para nosso aprendizado: ela construiu um universo no qual cada elemento **obedece à** lei de **submeter** o interesse pessoal **ao** interesse do sistema. Além disso, a evolução nos **negou** o conhecimento dessa lei, e nos **deu** o poder de agir contrariamente a ela, ou não, dependendo da nossa escolha. E acima de tudo, a evolução não nos revela a recompensa pela observação desta lei.

Células do corpo simpatizam com a vida de seu organismo hospedeiro, não com a sua própria. Se não fosse assim, não seriam capazes de operar em favor dele e se tornariam malignas ou até mesmo impediriam o início da vida por completo. Essa simpatia é tão completa que as células estão mesmo dispostas a terminar as suas próprias vidas para promover o crescimento de todo o corpo em um processo conhecido como "apoptose" ou "morte celular programada" (MCP). Em embriões, por exemplo, a forma dos pés é determinada por apoptose, que finaliza a diferenciação dos dedos das mãos e dos pés quando as células entre os dedos são deliberadamente mortas por seu organismo hospedeiro.

.

Em troca de sua simpatia, as células são "recompensadas" com a percepção do mundo de seu organismo hospedeiro, em vez dos seus próprios organismos. Isto é, as células se comportam como se elas estivessem equipadas com uma percepção inata de todo o organismo do qual fazem parte. Se elas não **funcionassem** desta forma, elas instintivamente tentariam combater suas células vizinhas para o fornecimento de nutrientes e oxigênio, como fazem as criaturas unicelulares. Quando esse tipo de **disfunção** ocorre em uma célula dentro de um organismo, pode se transformar em câncer.

Se nós, assim como células em um organismo, **pudéssemos** nos simpatizar com o nosso sistema hospedeiro—Planeta Terra—mas ainda mais do que isso, com as forças que construíram e sustentam a Terra, **obteríamos** a percepção mais ampla possível e **transcenderíamos** conceitos como tempo, espaço, vida e morte, **tal como** os conhecemos. Nossa percepção revelaria que somos parte de um sistema muito mais amplo que o nosso entorno imediato, assim como as células são parte de todo o organismo. Nesse estado, **seríamos** capazes de pensar e agir como o Criador — o desejo de doar. E **alcançado** isto, **alcançaríamos** o propósito da Criação — **tornarmo-nos** como o Criador.

No entanto, se pudéssemos ver que por **submetermos** o nosso interesse pessoal, estamos sendo recompensados com sermos semelhantes ao Criador, iriamos fazê-lo, a fim de receber prazer, sem o objetivo de doar, e sem o objetivo de doar ficaríamos egocêntricos, diferentes do Criador. Para alcançarmos um estado semelhante ao Criador, devemos escolhê-lo *livremente*, sem sermos **seduzidos** [xix]de alguma forma em direção ao altruísmo. Porque, como explicamos sobre os quatro estágios, o objetivo de doar é o que nos faz semelhantes ao Criador, o desejo de receber não deve sentir que nós vamos receber prazer ou benefício ao doar, para não criar motivação egoísta.

Quando **entendermos** isso, vamos entender o quão importante é a restrição do prazer pelo Estágio Quatro para nós. Se o Estágio Quatro não o repelisse, iríamos sucumbir ao prazer, assim como um bebê desfruta a força de seus pais e sua benevolência para com ele, e nós não seriamos capazes de nos **tornarmos** como o Criador. Em vez disso, seriamos tomados pelo prazer, assim como as mariposas são **seduzidas** pela luz de uma lâmpada em uma noite escura.

Diante da Expansão dos Desejos—Uni-vos

Anteriormente, dissemos que quando os desejos evoluíram na Natureza, eles criaram estruturas cada vez mais complexas. Cada novo nível se eleva a um grau mais elevado do desejo de receber quando as criaturas do nível atual se juntam para formar um agregado de colaboradores. Ao fazerem isso, as criaturas do nível atual (**e presentemente, o mais alto**) criam um sistema **ao qual possam submeter** seus próprios interesses, **o que lhes proporciona** sustentabilidade e adesão à lei da Natureza de doação. Quando isso acontece aos seres humanos, nós também iniciamos a partir da menor estrutura—uma única pessoa—e trabalhamos **ao nosso modo** em direção a sociedades cada vez mais complexas. A única diferença é que devemos criar **por nós mesmos** essas estruturas sociais que aderem à lei de doar.

De fato a família de Abraão foi o primeiro grupo a criar esse sistema e, depois aproveitar seus membros em um sistema cujas partes foram unidas pela dedicação ao seu sistema hospedeiro. **Como narra** Maimônides (Capítulo 1), este sistema inicial se transformou em um grupo. No entanto, apenas no Egito—quando o seu número se tornou suficiente—o sistema se transformou em uma nação. Quando Moisés tirou Israel do Egito, a família dos setenta, que tinha ido para o Egito agora consistia de vários milhões (há muitos pontos de vista sobre exatamente quantos saíram do Egito, mas os números comuns são entre 2 e 6 milhões de homens, mulheres, e crianças, excluindo a multidão mista).

Claramente, o trabalho de Moisés foi muito mais desafiador que o de Abraão. Ele não podia reunir toda a nação na sua tenda, como fez Abraão com sua família e poucos discípulos e ensinar-lhes as leis da vida. Em vez disso, deu-lhes o que nós referimos como os *Cinco Livros de Moisés*, conhecidos em hebraico como a Torah, que significa tanto "Lei" (de doação) quanto "Luz". Em seus livros, Moisés fornece representações de todos os estados que uma pessoa experimenta no caminho de se tornar como o Criador.

A primeira parte do caminho para imitar o Criador era sair do Egito, aventurar-se no Deserto do Sinai, e **permanecer** ao pé do Monte Sinai. De acordo com fontes antigas, o nome "Sinai," vem da palavra hebraica, *Sinaá* (ódio). Em outras palavras, Moisés reuniu o povo no sopé do Monte Sinai—a montanha de ódio.

Para interpretar a alegoria da montanha de ódio, os ensinamentos de Moisés mostraram ao povo quão odiosos foram em relação ao outro, como era remota para eles a lei de doação. Para reconectar-se com a lei de doação, ou o Criador, eles se uniram, como descrito pelo comentarista do século 11 e cabalista, Rashi, "Como um homem em um só coração." [xix]

Baal HaSulam desenvolve mais a respeito desse processo em seu ensaio, "A Garantia Mútua"[xix], onde explica que em troca de seu compromisso de cuidarem uns dos outros, ao povo de Moisés foi dada a *Torá*. Eles atingiram a lei de doação e obtiveram a luz, a natureza altruísta do Criador. Nas palavras de Baal HaSulam, "Uma vez que toda a nação por unanimidade concordou e disse:" Faremos e ouviremos: "... só então eles se tornam dignos de receber a *Torá*, e não antes."[xix]

Agora podemos ver o quão importante foi missão de Moisés, e porque a livre escolha é um pré-requisito para realizá-la. Os líderes do grupo de Abraão eram todos da família e eram naturalmente unidos. Moisés, porém, teve que unir uma *nação*. Para isso, toda a nação teve que concordar num caminho. Fazendo uma escolha livre para unir-se, apesar do egoísmo evidente (alegoricamente **descrito** como "ao pé do Monte Sinai"), uma nação foi admitida na lei de doação. Esta foi a primeira vez na história da humanidade que as pessoas em massa atingiram a qualidade do Criador, e deste ponto em diante, **a escolha da** unidade em face do egoísmo crescente será a única forma de alcançar o Criador.

A outra maneira

Os sábios do *Talmud*, escreveram: "Aquele que tem cem, deseja duzentos".[xix] Desde o alvorecer da Cabalá, afirmaram seus praticantes que nossos desejos evoluem. Eles crescem tanto em intensidade quanto em qualidade, o que significa não apenas o quanto queremos, mas também *o que* queremos. **No final**, estes desejos evoluem para se tornarem o desejo final—ser como o Criador.

.

Mas os cabalistas também afirmaram que temos a livre escolha em como chegarmos ao maior desejo, que também produz o maior prazer. Eles disseram que existem duas maneiras de atingir esse objetivo:

> 1. Seguirmos o exemplo de Moisés e nos unirmos. Fazemos isso através do estudo de como a Natureza funciona nos seus níveis mais fundamentais, como nós, sendo ramificações da lei que a Natureza, **operamos**, e então tentarmos trabalhar como a Natureza, em unidade, como uma criança imita seus pais.

> 2. Ignorarmos as informações disponíveis e tentarmos descobrir o segredo para uma vida boa e sustentável por nós mesmos. Isso pode ser comparado a uma criança sentada ao volante de um carro, mas muito pequena para ver pela janela. Naturalmente, isto irá resultar em acidentes recorrentes com consequências terríveis.

Os Cabalistas chamam o primeiro caminho, **luminoso**, "O Caminho da Luz", e o **segundo caminho, tortuoso**, "o Caminho do Sofrimento."[xix]

.

A evolução dos desejos ocorre independentemente de nossas escolhas. Quando não é acompanhada por um esforço calculado para **nos unirmos** e **escolhermos** o caminho da luz, de forma a descobrir a lei da doação, não há nada para regular o desejo crescente e **afunilá-lo** em direções construtivas. **O resultado é um egoísmo intensificado e imprevisto.** Isto é normalmente acompanhado por "um acidente"—desintegração e derrota como aconteceu na Babilônia e no Egito.

Na verdade, a história da nação israelita é o melhor exemplo dessa afirmação. Enquanto eles seguiram o ensino de Abraão, eles foram bem sucedidos. Quando não, foram derrotados e exilados.

Há aproximadamente 1.900 anos atrás, um novo nível de desejo de receber surgiu. Isso exigiu um esforço renovado e uma escolha renovada para união. No entanto, o povo de Israel não estava pronto para fazer o esforço. Em vez disso, eles caíram em ódio e egoísmo. O Talmud Babilônico, escrito por volta do quinto século EC, explica que a única razão para a derrota de Israel e a queda do Templo era o ódio infundado. [xix]

Desde aquela queda, o mundo teve apenas um caminho a trilhar—o caminho do sofrimento. O caminho da luz era conhecido por pouquíssimas pessoas nas gerações que se seguiram, e em poucas décadas eles tentaram cautelosamente **expô-lo**. Mas, vendo que as pessoas ainda não estavam prontas para contemplar as verdades que esse caminho **continha** sobre a realidade, eles o mantiveram para si e para aqueles raros e dedicados estudantes que procuraram a verdade a todo custo.

No entanto, como veremos no próximo capítulo, os anos de esquecimento para a Cabala não foram em vão. Eles nos deram muito conhecimento e uma miríade de observações da Natureza como um todo e da natureza humana em particular. Sem esses anos, a retomada da aceitação do conhecimento que a Cabala fornece não seria possível.

[xix] Douglas Adams, *Dirk Gently's Holistic Detective Agency* (NY: Pocket Books, 1987), 270

[xix] RASHI commentary on exodus 19:2

[xix] Ashlag, *The Arvut* (The Mutual Guarantee), in *Kabbalah for the Student*, 251

[xix] *Midrash Rabbah, Kohelet*, 1:13

[xix] Ashlag, *Kabbalah for the Student*, 54

[xix] Babylonian Talmud, *Masechet* [Tractate] *Yoma* p 9b

Ashlag, "Paz no Mundo", na *Cabala para estudantes*, 89

(Ibid.)

Douglas Adams, *Dirk Gently's Holistic Detective Agency* (NY: Pocket Books, 1987), 270

Douglas Adams, *Dirk Gently's Holistic Detective Agency* ((NY: Pocket Books, 1987), 270

Midrash Rabbah, Shemot 2:04

RASHI comentário sobre êxodo 19:02

Ashlag, *O Arvut* (A Garantia Mútua),na *Cabala para estudantes*, 251

(Ibid.)

Ashlag, Arvut O (A Garantia Mútua), na *Cabala para estudantes*, 251

Midrash Rabbah, Kohelet, 01:13

Capítulo 7: A Grande Miscigenação

Os primeiros séculos da Era Cristã (EC) compreenderam um período tumultuoso na história da Europa, do Oriente Próximo e do Oriente Médio. Os Romanos conquistaram extensos territórios da Europa, Norte da África e do Oriente Próximo (incluindo o que hoje é considerado o Oriente Médio). Além disso, A Judéia foi conquistada (por Roma), então se rebelou, perdeu e os judeus foram exilados. O cristianismo também fez sua estreia, e a Britânia foi conquistada pelo Imperador Tiberius Claudios. Assim como nós veremos neste capítulo, o exílio dos Judeus e sua dispersão por toda a Europa estão intimamente conectados com a evolução dos desejos.

Durante aqueles primeiros séculos um mundo novo e diferente estava se formando. Ao serem exilados os Judeus foram se espalhando por todo o Oriente Próximo e Europa, e o Cristianismo foi gradualmente tomando conta, tornando-se a religião oficial do Império Romano quando o Imperador Constantino o Grande adotou-o no século IV.

Quando o Islamismo foi promulgado no século VII, criou-se uma situação onde a maioria do povo na Europa e nos Orientes Próximo e Médio aderiu a uma das três fés de Abraão. Hoje, isto pode não parecer extraordinário. Mas naqueles anos, esta mudança de fé foi uma revolução causada pela emergência do próximo estágio na evolução dos desejos – O Estágio Dois.

O Estágio Dois, a emergência do desejo de doar junto com o desejo de receber, instigou um cruzamento de dois caminhos – aquele de Israel com aquele de todas as outras nações. Pela primeira vez desde que Abraão deixou a Babel e formou o grupo que objetivava *Yashar El* (direto para Deus), o qual desenvolveu dentro da nação de Israel, sua mensagem – amai ao teu próximo como a ti mesmo – foi sendo ouvida em massa. Porque o Estágio Dois – o desejo de doar – estava começando a se manifestar, a mensagem de doação e compaixão pôde então ser ouvida, apesar de claramente não ter sido executada tão bem quanto foi ensinada.

Este capítulo examinará os processos abaixo da superfície que se desenrolaram entre a escrita de *O Livro do Zohar* (também chamado *O Zohar* para resumir) no século II d.C. e a escrita de "A Árvore da Vida" no século XVI. Estas datas (muito) grosseiramente estão em paralelo com o período entre a conquista romana da Judéia e os primórdios da Renascença, ou o que nós agora chamamos "a Idade Média". Assim como com o restante do livro, o objetivo não é focar em eventos particulares, mas fornecer uma visão panorâmica da história, mostrando como os processos correspondem à evolução dos desejos. No caso do período de tempo aqui mencionado, provavelmente é melhor começar com a conquista romana e a queda do Segundo Templo.

A Dispersão da Judéia

A derrota da revolta dos Judeus contra os Romanos (66-73 d.C.) causou a destruição do Segundo Templo e a dispersão da Judéia. (o Primeiro Templo foi construído pelo Rei Salomão no século X a.C. e foi destruído pelos babilônicos em 586 a.C.) Esta dispersão significou algo muito mais importante do que a conquista de uma nação por outra. Refletiu-se na medida do declínio espiritual da nação de Israel. A palavra hebraica *Yehudi* (judeu) deriva da palavra *Yechudi* (unido ou único), referindo-se ao estado da nação de Israel do tempo: percebendo (e aderindo à) única força de doação que governa toda vida.

Todavia, como explicamos nos capítulos anteriores, o desejo de receber é uma força em constante evolução e requer adaptação também constante. Um esforço constante é requerido para atrelar os novos desejos emergentes ao trabalho em uníssono – com a intenção de doar, e aderindo à lei de submissão do interesse próprio em favor dos interesses do sistema circundante. E como os desejos evoluem, os meios para subordiná-los devem evoluir correspondentemente.

.

Como explicado nos capítulos anteriores, ao contrário dos animais, os seres humanos têm que constantemente tomar consciência do seu lugar na Natureza e *escolher* serem partes construtivas dela. Entretanto, se nós agirmos ao contrário, o resultado negativo não será imediatamente evidente. Isto nos permite um espaço para manobrar e calcular.

Ao mesmo tempo, se nós escolhemos agir de acordo com a lei da Natureza, nós não notaremos de imediato o resultado positivo. Assim, como a recompensa ou punição não são imediatamente discerníveis, se mesmo assim escolhermos agir de acordo com a lei da N?atureza, será apenas porque queremos descobrir a lei da Natureza de união e doação, e não porque nós esperamos uma recompensa imediata. Neste sentido, nós agimos em razão de uma *intenção de nos tornarmos doadores* ao invés de agirmos em razão de nosso inerente *desejo de receber*.

Mas durante o primeiro século da EC, a evolução do desejo de receber incitou a emergência de um novo nível de desejo. Até a chegada deste nível, os judeus que retornavam do exílio na Babilônia – depois da queda do Primeiro Templo – continuaram sua união e sua percepção de coesão da lei da vida.

Na verdade, apenas duas das 12 tribos retornaram de seu exílio babilônico porque o nível de egoísmo estava crescendo também em Israel, e a maioria das tribos não pôde resistir o movimento egoísta dentro delas. Este movimento as separou da nação de Israel a qual consiste como explicado de pessoas que vivem pela lei da união, e não de indivíduos geneticamente ligados. Mas quando o Estágio Dois na evolução dos desejos começou a se manifestar em Israel, mesmo aqueles que retornavam da Babilônia não conseguiram manter seu altruísmo. Em vez disso, eles caíram vítimas de seus desejos egocêntricos.

O Talmud Babilônico explica que a única razão para a derrota de Israel e para a queda do Segundo Templo foi o ódio infundado: "O Segundo Templo, por que ele ruiu, uma vez que eles praticaram a Torá e as Mitzvot (aprendizado espiritual) e boas ações? Foi porque havia um ódio infundado nele." (incluir nota) Na ausência de união e por que muitos judeus queriam imitar ou mesmo fazer parte da cultura romana, a revolta judaica era impossível desde o princípio.

Entretanto, mesmo depois da revolta, muitos entre Israel mantiveram sua percepção de coesão da realidade. Rabbi Akiva, por exemplo, cujo epíteto talmúdico era "Chefe de todos os Sábios", viveu e ensinou nos anos que se seguiram à queda. De acordo com o Talmud Babilônico, Rabbi Akiva teve 24.000 alunos, mas eles, também, morreram (de acordo com o Talmud) porque eles não se uniram. (incluir nota)

Dos 24.000 alunos, apenas quatro sobreviveram. E destes quatro, dois tornaram-se os maiores sábios de sua geração, e possivelmente de todos os tempos. O primeiro foi Rabbi Yehuda, conhecido como Rabbi Yehuda HaNassi (o presidente), que se tornou presidente do Sanhedrin e chefe redator e editor da Mishnah, a coleção de livros que é a base na qual ambas as partes do Talmud foram construídas. O outro aluno foi Rabbi Shimon Bar-Yochai (Rashbi), que se tornou conhecido como o autor de *"O Livro do Zohar" [O Livro do Esplendor]* – o influente livro de Cabalá, o qual todos os Cabalistas estudam até hoje e de onde derivam sua sabedoria.

Através dos séculos, sempre existiram sábios que mantiveram a sabedoria vibrante e em evolução. Eles entendiam a natureza do desejo de receber e produziram textos que interpretaram *O Zohar,* bem como outros livros de Cabalá. Porém, em sua maior parte, seus livros – escritos com uma percepção da realidade Cabalística-altruísta – foram mal entendidos por todos, exceto pelos companheiros Cabalistas, porque eles eram lidos com uma percepção egoísta. Isso impediu os leitores de compreenderem o verdadeiro significado dos textos. E da mesma maneira que uma pessoa que é cega de nascença não pode entender o significado da visão, muito menos ela entenderá a alegria que se sente ao observar uma bela paisagem ou o poder cativante da visão da costa de uma tempestade oceânica.

Assim, por causa do declínio da percepção espiritual (altruísmo) entre Israel, o sonho de Abraão de ensinar ao mundo inteiro, a única lei da existência, teve que ser postergado até que as pessoas estivessem novamente prontas para aprender a respeito dessa lei. *O Zohar* foi ocultado logo depois de sua conclusão e permaneceu oculto por mais de um milênio. Os Cabalistas, também, encobriram a sabedoria com mistério e equívocos, e declararam que apenas aqueles que atendessem a rigorosas condições teriam permissão para estudá-la. Uma vez que eles sabiam que a maioria das pessoas estava muito distanciada da percepção espiritual para entenderem corretamente os conceitos da Cabalá, os Cabalistas distraíram a mente das pessoas com histórias de milagres e encantamentos, e estabeleciam limites tais como idade, sexo e estado civil para deter os possíveis estudantes de explorar a Cabalá.

Num acesso de patriotismo, a palavra estória, que antigamente designava qualquer narrativa não histórica, foi abolida da língua portuguesa, para não se assemelhar ao inglês story, que é diferente de History. *Curiosamente, a restrição contra os solteiros continua em vigor, não? ☺

Na verdade, as percepções equivocadas da Cabalá ficaram tão profundamente enraizadas que mesmo depois do reaparecimento de *O Zohar* (Imagem nr. 7) no século XII, na Espanha, na posse de Rabbi Moshe de León, o livro foi frequentemente incompreendido e considerado um texto sombrio até que alguns Cabalistas tais como o Gaon de Vilna (GRA), Rabbi Isaac Safrin dentre outros forneceram interpretações mais claras. Ainda assim, não antes dos anos 40, quando Yehuda Ashlag (Baal HaSulam) forneceu seu comentário *Sulam* (Escada) completo, sobre *O Livro do Zohar* – com quatro introduções explicativas – que aquela complexa composição pode ser apropriadamente estudada e compreendida.

Imagem nr. 7: A página de rosto da Edição 1558 de *O Livro do Zohar*, Mantua, Itália. O texto começa, "O Livro do Zohar na Torá, do divino sábio,

Rabbi Shimon Bar-Yochai..."

Mas nos primeiros anos que se seguiram à queda do Segundo Templo, o mundo estava trilhando um rumo totalmente diferente. Os romanos se tornaram o império no Mediterrâneo, no Oriente Próximo e na Europa e sua cultura e filosofia (essencialmente Gregas) reinavam. A percepção Helenística do mundo não concordava com aquilo dos rebeldes da terra de Israel. Além disso, a maioria dos judeus não concordava com os princípios dos seus antepassados e os abandonaram em favor da egocêntrica cultura Greco-Romana Helenística.

Dito isto, diversos renomados estudiosos da renascença acreditavam que os gregos adotaram pelo menos alguns de seus conceitos da Cabalá. Johannes Reuchlin (1455-1522), por exemplo, o grande humanista e conselheiro político para o Chanceler, escreveu o seguinte em seu *De Arte Cabbalistica* (Sobre a Arte da Cabalá): *"Não obstante, sua* [de Pitágoras] *proeminência não derivou dos gregos,* mas, novamente, dos judeus. Como 'aquele que recebeu', ele pode muito justamente ser denominado um Cabalista. ...Ele mesmo foi o primeiro a converter o nome Cabalá, desconhecido dos gregos, no nome grego filosofia."(incluir nota)

Um antecessor de Reuchlin, Giovanni Pico della Mirandola (1463-1494), um estudioso italiano e filósofo platônico, escreveu em seu *De Hominis Dignitate Oratio* (Oração sobre a Dignidade do Homem), "Esta verdadeira interpretação da lei, a qual foi revelada a Moisés na Divina tradição, é chamada 'Cabalá'. (incluir nota)

Mas o princípio que os gregos não adotaram foi o mais importante dentre todos: a intenção de anular o egocentrismo em favor do sistema centralizado *a fim de tornar-se como o Criador.* A última parte desta frase, a *razão* para alterar o foco da pessoa, é a razão pela qual a sabedoria da Cabalá foi concebida, para começar. Tivessem os gregos adotado aquele princípio, a história teria se desenrolado muito diferentemente.

.

Ainda, não foi por erro dos gregos que eles não o adotaram. Eles não o conheciam, uma vez que não havia nenhum professor Cabalista dentre eles, e por isso ninguém que os educaria corretamente. Além disso, tendo eles mesmos enormes egos, os judeus, também, estavam adotando as maneiras greco-romanas, e aqueles que não adotavam eram considerados os mais ferozes inimigos na Judéia. Em consequência, não havia ninguém para mostrar aos romanos que eles estavam esquecendo-se de algo que poderia ser de muito valor para eles. E então os romanos seguiram a cultura Helenística até quando o Imperador Constantino o Grande adotou o Cristianismo no século IV d.C.

A adoção da cultura Helenística pelos judeus não foi coincidência. O estabelecimento do Primeiro Templo marcou o ponto espiritual mais alto (a percepção da lei de doação) na história da nação de Israel. A partir de então, um processo gradual de declínio estava em andamento. A evolução dos desejos estava afetando os judeus da mesma forma como estava afetando todas as outras nações. Como resultado, muitos dos judeus não conseguiram manter sua percepção espiritual, altruísta, de uma força unificada, e voltaram-se para culturas mais auto-centradas que se adequavam à sua percepção egoísta.

Então, a conquista babilônica e subseqüente exílio dos hebreus na época do Primeiro Templo foram apenas manifestação do estado espiritual deles naquele momento. E devido ao estado de declínio espiritual dos hebreus no cativeiro babilônico, apenas duas das doze tribos que estavam no exílio, Judá e Benjamin, retornaram. As dez tribos que permaneceram no exílio tornaram-se tão totalmente miscigenadas com as tribos locais que esqueceram completamente seus princípios e seus vestígios estão totalmente perdidos para nós atualmente.

Contudo, a evolução dos desejos não parou aí. Judá e Benjamin gradualmente declinaram também, e a completa dispersão dos judeus era apenas uma questão de tempo. Na verdade, a perda da percepção espiritual dos judeus foi um longo processo que levou séculos, mas seu curso estava definido. Quando os romanos finalmente conquistaram Israel e destruíram o Segundo Templo, Israel já era uma nação cuja maioria não queria manter a mentalidade espiritual (Cabalística) e preferia os conceitos helenísticos em seu lugar. Em consequência, eles também foram exilados e dispersos. E enquanto muitos judeus permaneceram nas terras de Israel mesmo depois da conquista romana, e compilaram alguns dos mais significativos textos do judaísmo, os judeus como um povo já estavam se espalhando por Roma e subsequentemente pela Europa.

Em *A Guerra dos Judeus*, Capítulo 1, traduzido por Willian Whiston, Josephus Flavius descreve a expulsão dos judeus pelos romanos: "E como ele se lembrou de que a décima-segunda legião havia dado passagem para os judeus, sob seu general Cestius, ele os expulsou para fora de toda a Síria, pois eles ficaram anteriormente em Raphanea, e os enviou para um lugar chamado Meletine, próximo do Eufrates, que fica nos limites entre a Armênia e a Capadócia." (incluir nota)

No Capítulo 3 do mesmo libro, Flavius elaborou: "Dado que a nação judaica está totalmente espalhada por toda a terra habitável dentre os habitantes locais, como ela está muito miscigenada com a Siria por causa de sua vizinhança, e tinha grandiosa multidão na Antióquia em razão da amplidão da cidade, onde os reis, depois de Antioco, concederam a eles uma habitação com sossegada tranquilidade. (incluir nota)

Assim, gradualmente, os Judeus migraram por toda Europa e para a maior parte do atual Oriente Próximo. Como resultado a história dos Judeus e a história da Europa se tornaram intimamente ligadas.

A Era do Ocultamento

.

A Idade Média é um período muito peculiar da história. Opiniões sobre quando ela começa e quando ela termina parecem ordenar do século II – V até o século XV – XVIII respectivamente, dependendo do campo de pesquisa do estudioso. Alguns marcam a queda do Império Romano do Ocidente como seu início e a queda do Império Romano do Oriente como seu fim. Outros marcam o início da Idade Média como o peírodo quando o Imperador Constantino o Grande convocou o Primeiro Concílio de Niceia, em 325 d.C e seu fim como o período quando Martinho Lutero foi excomungado (1521) e a Igreja Protestante foi estabelecida.

A Cabalá não define qualquer era como sendo "a média", mas ela considera o período compreendido entre a escrita de *O Livro do Zohar* e a escrita de *A Árvore da Vida* como um período distinto na evolução da humanidade. Num sentido, o termo, "A Idade das Trevas", seria mais apropriado para descrever este período da história, uma vez que é aproximadamente o período durante o qual os Cabalistas ocultaram seu conhecimento e o transformaram em um conhecimento secreto, conhecido por apenas poucas pessoas.

Durante este período, e ainda de acordo com a visão panorâmica deste capítulo, nós nos reportaremos mais aos *processos* que ocorreram entre a escrita desses livros do que aos eventos específicos. Isto tornará mais fácil a identificação de como os desejos, que no nível humano aparecem mais como ambições, orientam os processos que formam a história da humanidade.

Na Cabalá, o período entre a escrita de *O Livro do Zohar* e a escrita de *A Árvore da Vida* tem um papel crucial. Sem ele, o propósito da Criação não seria alcançado. Para reiterar em uma palavra, o propósito da Criação foi que cada pessoa conheça o Criador e torne-se igual a ele. O grupo de Abraão foi o primeiro que conseguiu isto. Entretanto, o objetivo de Abraão não era apenas que o seu grupo conseguisse isto, mas todas as pessoas do mundo. Moisés ajudou na causa de Abraão expandindo a realização do grupo em realização de toda uma nação.

Mas enquanto o sucesso de Moisés foi momentaneamente verdadeiro, ainda existe um longo caminho a percorrer antes de se atingir o objetivo final. Para que toda a humanidade alcance o Criador, a lei de doação, todos têm que *querer* que isto aconteça. E para isto, todas as pessoas têm que compreender: a) que o caminho do egoísmo é insustentável, e b) que há outro caminho – reconhecer uma lei da natureza anteriormente desconhecida e aprender como implantá-la.

Durante o Estágio Dois na evolução dos desejos, isto se desenvolve de uma maneira fascinante. De um lado Israel declina de seu estado altruísta e cai no egoísmo. O restante das nações, de outro lado, descobre a lei da doação – amai ao teu próximo como a ti mesmo – a qual se torna no princípio de todas as crenças abraânicas. Mesmo que nenhuma das religiões atuais viva através desta lei, o próprio fato de que elas fizeram disto o centro de sua fé significa que as pessoas tomaram consciência de sua importância. Então, as pessoas de fato reconhecem a idéia de Abraão, do amor pelos outros como a cura para as doenças da humanidade. Deste ponto em diante, o destino de Israel e o destino de todas as nações do mundo estarão interligados para sempre.

Como explicado anteriormente, os processos que se desenvolvem nas raízes espirituais se manifestam em seus ramos materiais. Por esta razão, como o desejo de doar tornou-se misturado com o desejo de receber no nível espiritual, a manifestação física deste processo foi a dispersão e miscigenação do povo de Israel entre as nações do mundo.

Isto não significa que os Judeus estavam espalhando a mensagem de amor e união de Abraão aos seus novos vizinhos. Os Judeus não escolheram ser exilados para que pudessem espalhar o método de Abraão. Nem tampouco as nações que os aceitaram em seu meio fizeram isto porque quisessem ouvir, muito menos adotar aquela mensagem. Todavia, como o processo de paridade-dos-desejos entre Israel e as outras nações já estava em curso no nível espiritual, também estava acontecendo no mundo físico.

Assim, pelo final da Idade Média, a mistura dos desejos alcançou tal estágio que no nível físico isto se manifestou em três religiões cujos seguidores não se dizem altruístas, ainda que citem uma lei fundamentalmente altruísta como um de seus pilares: "Amai ao teu próximo como a ti mesmo." Além disso, estas religiões – Cristianismo, Islamismo e Judaísmo – não apenas citavam esta lei como sendo seu princípio, mas também declaravam Abraão como seu patriarca espiritual, daí então o epíteto, "Religiões Abraânicas".

No Capítulo 4, nós mencionamos a apresentação de Tokyo da bióloga evolucionista Elisabet Sahtouris, a respeito do interesse próprio e colaboração – que cada molécula, cada célula, cada órgão e todo o corpo têm interesse próprio. E quando cada nível mostra seu interesse próprio, isto exige negociações entre os níveis, as quais geram harmonia em todo o sistema. Na verdade, mesmo que estejamos inconscientes do objetivo final da existência, inconscientemente todos nós sentimos que a harmonia e o cuidado mútuo são os únicos caminhos para criarmos uma humanidade sustentável. Nós todos temos os quatro estágios do desejo dentro de nós porque nós todos somos, no final das contas, ramificações destes quatro estágios.

Por isso, como o Estágio Dois – o estágio governante do desejo durante a Idade Média - prescreve, todas as três religiões Abraânicas adotaram o mandamento, "Amai ao teu próximo como a ti mesmo" (Lev. 19: 18) como um princípio. Assim, embora "as negociações" (para usar o termo de Sahtouris para relações) entre pessoas e nações durante a Idade Média frequentemente estavam muito longe de serem julgadas harmônicas, o resultado final foi uma razoável consolidação da Europa com respeito à religião, cujo princípio básico (declarado) é altruísta – respeitando a lei de submissão do interesse próprio, mesmo se sua manifestação estivesse longe do altruísmo.

Nós já sabemos que o Estágio Dois na evolução dos desejos marca o primeiro aparecimento do desejo de doar *dentro* do desejo de receber. De fato, o mandamento para amar aos outros tanto quanto amamos a nós mesmos está em perfeita congruência com o Estágio Dois. Entretanto, nosso universo foi criado quando a alma de Adão foi fragmentada, quando seus "órgãos" tornaram-se egocêntricos. Como resultado disto, a lei do amor aos outros aparece no nosso mundo como um mandamento que as pessoas precisam se esforçar para conseguir seguir. Se nossa natureza fosse aquela da doação verdadeira, nós não precisaríamos desta lei porque nós naturalmente adoraríamos doar tanto quanto nós normalmente amamos receber.

Assim, se nossa natureza fosse a de doação, nós nunca nos tornaríamos iguais ao Criador. O máximo que conseguiríamos alcançar seria a similaridade com os desejos do Criador, mas seríamos privados de tudo que ganhamos ao lutarmos com nossos desejos. Esta luta, por mais árdua que seja, nos garante observações únicas. Ao compararmos nossa própria natureza com a Natureza universal, aprendemos a diferença entre doar e receber, o aprendizado de que pode haver doação na recepção e a alegria e o contentamento que sentimos por sermos capazes de amar. Essas emoções só podem surgir quando se experimentou a *incapacidade* de amar.

Mas além de todos estes presentes existe o maior presente, exclusivamente humano: a liberdade de escolha. A diferença entre um adulto maduro e um jovem no nosso mundo é a permissão, a capacidade e a *liberdade* de fazer suas próprias escolhas. No reino espiritual, apenas os humanos possuem esta capacidade porque apenas os humanos possuem as duas naturezas – a de receber e a de doar – assumindo que eles tenham adquirido esta natureza por seguirem a lei da submissão do interesse próprio.

Uma vez que tenhamos obtido a natureza de doação, nós compreendemos por que é necessário que ambas as naturezas existam dentro de nós, por que precisamos começar com a natureza de recepção, adquirir a natureza de doação e colocar a última sobre a primeira por nossa livre escolha. Apenas agindo assim nós poderemos perceber realmente o trabalho da Natureza, com todas as suas facetas e sutilezas. E somente quando nós percebermos tudo isto, nós seremos capazes de viver *conscientemente* através da lei de submissão do interesse próprio em favor do interesse da Natureza, pois teremos alcançado o *Pensamento da Criação*. E quando nós alcançarmos este pensamento, nós nos tornaremos semelhantes ao Criador.

O estabelecimento das religiões Abraânicas no coração de milhões criou a primeiríssima ponte entre as pessoas inerentemente egocêntricas e o princípio da doação. Pois num primeiro momento, as pessoas sentiram que doar lhes renderia benefícios. Embora este seja um tipo egocêntrico de altruísmo, naquela altura dos acontecimentos e naquele estágio da evolução do desejo de receber, isto era o mais próximo do altruísmo que as pessoas conseguiriam chegar.

Então, ainda que os épicos e profetas se diferenciem um do outro, o resultado final é que todas as três religiões Abraânicas atribuem grande importância a Israel, porque toda pessoa cuja alma tenha sido tocada pelo princípio Abraânico "amai ao teu próximo como a ti mesmo", inconscientemente esforça-se por aquele estágio como ele realmente é na espiritualidade.

Atualmente, a miscigenação se expandiu tão fortemente que a busca pela espiritualidade virtualmente existe dentro de cada pessoa no mundo. Isto, como Baal HaSulam explica em seu ensaio, "O Amor do Criador e o Amor do Homem", (incluir nota) é resultado do propósito da Criação, que "Todas as nações fluirão para Ele" (Isaias 2:2), o que quer dizer que todas as pessoas atingirão a força da criação da vida. E para que isto aconteça todas as nações, todas as formas de desejo no mundo terão que estar incorporadas com o desejo de doar.

A Carta Magna

Na medida em que o desejo de receber é uma força em constante evolução, as religiões abraânicas não foram o único fenômeno que evoluiu durante a Idade Média. Especialmente durante o final da Idade Média, cada vez mais pessoas começaram a se esforçar por uma emancipação pessoal e expressão pessoal também – na arte, erudição, bem como independência econômica.

Em 1088, a primeira universidade Européia foi instituída na Bolonha, Itália. Então, entre 1150 e 1229, apareceram universidades em Paris, Oxford, Cambridge, Salamanca, Montpellier, Pádua, Nápoles e Toulouse.

Na lei civil, também, o surgimento de significativas mudanças estava a caminho para mudar a face da sociedade Europeia. A Carta Magna Liberatum emitida em 1215 e subsequentemente o *habeas corpus*, forneceram a primeiríssima proteção aos sujeitos, mesmo os agrilhoados (embora ainda limitada, a princípio), contra o capricho do então todo poderoso rei. E embora estas mudanças fossem inicialmente aplicadas apenas na Inglaterra, elas lançaram os fundamentos para a democracia e para a Idade da Razão através de toda a Europa.

A invenção da ampulheta no século XI e do compasso, inventado em cerca de 1300, permitiu a navegação através dos mares e oceanos. Isto também permitiu que os Europeus explorassem o mundo e levassem o Cristianismo para os continentes mais distantes tais como a América e a África, difundindo assim o princípio Abraânico para mais nações ainda.

Outra ajuda para divulgar o conhecimento e as idéias, foi a revolucionária invenção de Gutenberg a imprensa em meados do século XV. Ainda que a alfabetização tenha se tornado predominante apenas no século XIX, quando o preço do papel se tornou mais acessível, a relativa facilidade de imprimir livros ajudou a divulgar o conhecimento e as idéias através da Europa. Como resultado, os conceitos da Renascença, que surgiram na Itália no século XIV, puderam circular muito mais rapidamente, o que preparou o terreno para uma nova era. E enquanto a população ainda estava sob o domínio arbitrário dos feudalistas, muitos corações e mentes das pessoas estavam começando a se associar e se relacionar de forma evidente, quase tangível.

Em seu "Prefácio à Sabedoria da Cabalá" (incluir nota) Baal HaSulam descreve como, no seu final, cada estágio prepara o terreno para o próximo. Em muito, da mesma forma, os desenvolvimentos e mudanças durante o final da Idade Média marcam o final da era, bem como o início da próxima – a Renascença. E uma vez que, como a Cabalá explica, os eventos que ocorrem em nosso mundo são decorrência da evolução do desejo de receber, esses eventos demonstraram que o mundo estava então pronto para o próximo estágio da evolução dos desejos – o Estágio Três – cujo início é marcado pela próxima importante composição da Cabalá, *A Árvore da Vida*.

Capítulo 8: O Renascimento e Mais Além

Antecedendo cada nova etapa na evolução dos desejos, o precursor adequado aparece. Primeiro houve Abraão, ele foi a Raiz. Depois Moisés, representando o Estágio Um, seguido pelo Rabino Shimon Bar-Yochai (Rashbi), que corresponde ao Estágio Dois. E agora chegou a hora do Estágio Três.

O surgimento do Terceiro Estágio na evolução dos desejos corresponde aproximadamente ao advento do Renascimento na Europa. Seu precursor foi o maior dos Cabalistas desde Rashbi: Isaac Luria (o Ari) — fundador da Cabalá Luriânica, a escola mais sistemática e estruturada da Cabalá. Hoje, é o método de ensino predominante, graças aos comentários feitos no século XX por Baal HaSulam, que interpretou os escritos e adaptou-os à mentalidade científico-acadêmica dos séculos XX e XXI.

Apesar de sua curta vida, o Ari (1534-1572) produziu numerosos textos com a ajuda de seu principal discípulo, Rav Chaim Vital. O Ari não escreveu seus textos. Em vez disso, ele falava e Chaim Vital anotava suas palavras. Após a morte precoce do Ari, Vital e vários de seus parentes compilaram as palavras do Ari em textos coesos. Por essa razão, muitos estudiosos têm atribuído os escritos do Ari a Chaim Vital e não a seu professor. Mesmo que Vital seja o escrivão, o fornecedor da informação, no entanto, é indiscutivelmente o Ari.

No capítulo 2, descrevemos o Terceiro Estágio como sendo um *modus operandi* "invertido", em que o ato é recepção, mas a intenção é doação. Isso foi verdade para os primeiros quatro estágios do desejo. Após a quebra da alma de Adão, no entanto, a intenção prevalecente na alma coletiva — da qual todos nós somos partes — inverteu e regrediu de doação para recepção. E por sermos todos partes da alma de Adão, a intenção escondida em todos os seres humanos é receber também. Claramente, o fato de que todos desejam receber e ninguém deseja doar leva a uma situação insustentável.

Todas as fases, porém, aparecem para que possamos corrigi-las. Em todos os níveis da Natureza, essa correção ocorre naturalmente, porque a única maneira de sustentar qualquer coisa — minerais, vegetais ou animais — é ter todos os elementos contribuindo para a sobrevivência do mineral, do vegetal ou do animal. Em humanos, como explicamos no capítulo 6, esse estado sustentável (Estágio Um), no entanto, deve ser alcançado a partir da consciência do homem. Sem consciência, vamos para onde nos levam os nossos desejos, e, na Terceira Fase, eles começam a tomar um rumo sinistro.

De fato, o período desde a Renascença até o começo do século XX presenciou dois processos que mudaram fundamentalmente a vida das pessoas. Um deles foi o desenvolvimento de armas, como fuzis e peças de artilharia, e o início das viagens de descobertas ultramarinas por intrépidos exploradores que conquistaram novas terras e, posteriormente, exploraram seus habitantes nativos e recursos naturais.

O outro foi o advento da ciência moderna, mas, mais do que isso, a "descoberta" e a exaltação do indivíduo. Essa última mudança manifestada na prosperidade da arte em todas as suas formas e, mais importante, na expansão dos movimentos humanos, como o Humanismo e o Iluminismo. O *Bill of Rights*, o Édito de Nantes e o Manifesto Comunista sinalizam apenas algumas das inúmeras mudanças que estabeleceram a base para o que hoje chamamos "mundo livre".

Paralelamente a essas profundas transformações, a Cabalá necessitava de seu próprio "reformador". No nível mais profundo da existência, as mudanças que acabamos de mencionar estavam acontecendo, porque um novo estágio de desejo havia surgido e isso exigia que alguém "desse sentido" a elas. Este foi o papel do Ari: introduzir o método de correção para a Terceira Fase. É por isso que o método do Ari é o mais sistemático e estruturado em comparação com todos os métodos de seus antecessores, combinando o pensamento racional e científico de seu tempo.

O Grande Despertar do Espírito Humano

No início da Quarta Fase do desejo, a Terceira Fase é especial no sentido de que é a primeira vez que a Criação inicia o processo: ela "decide" receber (embora apenas um pouco), a fim de outorgar. Assim, quando a Terceira Fase do desejo surgiu na humanidade, as pessoas e as sociedades passaram a iniciar mudanças em praticamente todos os reinos da vida. Noções novas apareceram e as antigas reapareceram, e todos prosperaram sob as asas do Renascimento. Religião, ciência, tecnologia, arte, economia, política (interna e externa), filosofia e qualquer outro domínio da vida foi analisado e modificado, se não revolucionado.

Os conceitos humanos por trás da Carta Magna e do *Habeas Corpus* foram sendo adotados em toda a Europa e nos Estados Unidos, embora fossem muitas vezes arbitrariamente descartados frente aos interesses financeiros e políticos, tais como o colonialismo e a escravidão. O *English Bill of Rights*, de 1689, ou "Ato Declarando os Direitos e Liberdades do Sujeito e Definindo a Sucessão da Coroa", promoveu mais adiante a ideia de que toda pessoa tem direito a certas liberdades básicas, incluindo a liberdade política e a liberdade de expressão. Colocado de outra maneira, o *Bill of Rights* permitiu a livre expressão do pensamento!

Do ponto de vista cabalístico, essas mudanças aconteceram, porque o novo e recém-surgido desejo da Terceira Fase chamava para uma recepção ativa de prazer. Assim, as pessoas se tornaram mais ativas em sua busca por melhoria de vida e em sua aspiração de autoexpressão e autodeterminação como indivíduos. Para realizarem seus sonhos, as pessoas começaram a desenvolver novas tecnologias, liberaram a política dos grilhões do feudalismo e estabelecerem a base para a economia moderna.

Na política global, os países mais fortes e mais ricos começaram uma busca fervorosa por novas terras no período que hoje é conhecido como "Era dos Descobrimentos". Cristóvão Colombo, Vasco da Gama, Fernão de Magalhães e Giovanni da Verrazano foram apenas alguns dos muitos exploradores que descobriram novas terras, ampliando o domínio dos países a que serviram. Os exploradores não só descobriram novas terras e as mapearam, mas também abriram caminho para novas rotas comerciais, embora a maior parte desse "comércio" fosse realmente baseada na escravização dos povos indígenas e na exploração de recursos naturais. O resultado da Era dos Descobrimentos, porém, foi uma nova visão de mundo e o reconhecimento mútuo da existência de civilizações distantes umas das outras.

Como parte da nova visão de mundo nascida na Renascença, a Igreja Católica passou a ser atacada por luteranos, calvinistas, anglicanos e outros que desejavam liberalizar o Cristianismo e adaptá-lo a suas opiniões. O Liberalismo e o Humanismo floresceram no espírito do Renascimento e se esforçaram para verdadeiramente, pela primeira vez desde a Idade de Ouro grega, libertar o pensamento do homem. De fato, em toda a Europa parecia que o espírito humano estava despertando.

Atestando a nova visão de mundo estavam as descobertas revolucionárias de Galileu Galilei, que possibilitaram a Nicolau Copérnico afirmar que a Terra girava em torno do sol, e não o contrário, como se acreditava até então. E quando Francis Bacon estabeleceu o que se tornou "o método científico", ainda hoje empregado, poderíamos seguramente declarar que a "revolução científica" estava em pleno vigor. Instituições para a melhoria do conhecimento natural, como The Royal Society of London, ou simplesmente The Royal Society, substanciaram o domínio da ciência sobre a mente e a imaginação das pessoas, assim como seus corações foram movidos por gigantes culturais, como Leonardo da Vinci, William Shakespeare e Claudio Monteverdi.

Hoje as pessoas muitas vezes citam um aumento exponencial no ritmo das mudanças. Ensaios como o de Kip P. Nygens — "Tecnologias emergentes e mudança exponencial: implicações para transformação do Exército", publicado em 2002 por Questia Online Library, livros como *Vivendo em meio ambiente: princípios, conexões e soluções* (G. Tyler Miller e Scott Spoolman), ou o vídeo *eye-opening* do You Tube "Estamos vivendo em tempos exponenciais" são apenas três das numerosas tentativas para descrever o quão rápido o nosso mundo está mudando. Se levarmos em conta a mudança fundamental que ocorreu com o surgimento da Terceira Fase na evolução dos desejos, é evidente, porém, que o crescimento exponencial tem as suas raízes profundas nos conceitos e inovações que surgiram pela primeira vez no final da Idade Média e começo do Renascimento.

Nos capítulos 3 e 5, mencionamos o Item 38 da "Introdução ao *Livro do Zohar*", em que Ashlag escreve: "O desejo de receber no reino animal... só pode gerar necessidades e desejos, na medida em que eles são impressos em apenas esta criatura." O nível animal que Ashlag menciona corresponde à Terceira Fase no início dos quatro estágios que manifestam um nível elevado de desejo de receber em comparação com a Segunda Fase. Nesse nível, o desejo de receber "decide" por receber, em oposição à recepção automática e rejeição nos Estágios Um e Dois. Nesse sentido, é mais autônomo do que seus antecessores. Como resultado, a sua manifestação corpórea — animais — é mais ativa e autônoma do que o seu grau anterior na pirâmide — plantas. Da mesma maneira, quando o desejo de receber nos humanos chegou à Terceira Fase, foi solicitado um aumento na atividade e na aspiração por autonomia individual.

O início da nova era foi promissor. O *zeitgeist*, pelo menos entre os mais afortunados da sociedade, promoveu a liberação de mentes e corpos a partir de revoluções sociais, como o Iluminismo, o *Bill of Rights* (primeiro o inglês e depois a versão americana), o Humanismo, a Reforma e o Édito de Nantes. Com o acréscimo próspero da filosofia e da ciência, parecia que em breve todos poderiam desfrutar dos frutos do progresso.

Uma vez que na base de todas essas mudanças encorajadoras estava o desejo de receber prazer na sua forma quebrada e autocentrada (e num grau ainda maior do que antes), os Cabalistas responderam a essa explosão como a uma chamada para a ação. Os Cabalistas sentiram que, com as novas possibilidades oferecidas pela tecnologia e pela ciência, bem como com o desejo aumentado para a autoexpressão, um novo método de correção era necessário.

Assim, eles começaram a afirmar que era hora de sair e mostrar ao mundo a sabedoria há muito oculta do *Zohar*. Sem isso, afirmaram, o mundo não iria ver uma conclusão positiva no final da nova era. Nas palavras do Gaon de Vilna (GRA), que numerosos Cabalistas ecoaram, a "Redenção (do egoísmo) depende do estudo da Cabalá.".

Removendo o Véu do Sigilo

Em sintonia com as mudanças que ocorreram no início do Renascimento, os Cabalistas começaram a remover o véu da Sabedoria da Cabalá, ou pelo menos a falar a favor de removê-lo. Desde a escrita de *O Livro do Zohar*, os Cabalistas criaram vários obstáculos para aqueles que desejavam estudar. Tudo começou com o ocultamento do *Zohar* por Rashbi e continuou com o estabelecimento de todo tipo de pré-requisito que a pessoa teria de cumprir antes de receber permissão para estudar. O Mishnah, por exemplo, dá a instrução, aparentemente paradoxal, de se evitar ensinar Cabalá aos estudantes que ainda não sejam sábios e capazes de entender com sua própria mente, mas o texto não especifica como se pode chegar à sabedoria se não é permitido estudar.

No *Talmud* babilônico existe uma alegoria bem conhecida a respeito de quatro homens que entraram em um PARDES (acrônimo para todas as formas de estudo espiritual — *Peschat* (literal), *Remez* (implícita), *Derush* (interpretações) e, sendo o mais alto nível, *Sod* (Cabalá). Dos quatro, um morreu, outro perdeu a sanidade, outro se tornou herege e apenas um, o rabino Akiva, um gigante entre os Cabalistas, entrou em paz e partiu em paz. Há outras explicações mais profundas e precisas para essa alegoria, mas a história foi, todavia, utilizada para intimidar e dissuadir as pessoas de estudar Cabalá.

Outro pré-requisito que os Cabalistas impuseram foi chamado "para se encher a barriga", porque exigia que a pessoa fosse proficiente em *Mishná* e *Guemarah* antes de iniciar o estudo da Cabalá. Para justificar essa condição, eles citaram o *Talmud* babilônico, que adverte que é preciso gastar um terço da vida estudando a *Bíblia*, outro terço estudando o *Mishnah* e o terço restante estudando o *Talmud*.

Isso, naturalmente, não deixa tempo para se estudar a Cabalá. Por isso, quando chegou a hora de os Cabalistas permitirem o estudo, eles tiveram de "criar um espaço" durante o dia para o estudo da Cabalá. Assim, Cabalistas como Tzvi Hirsh de Zidichov "desviaram" a proibição ao declarar que, a cada dia, deve-se "encher a barriga com" *Mishnah* e *Guemarah* e depois estudar a Cabalá.

Há numerosos exemplos para as "proclamações" dos Cabalistas de que a Cabalá é o meio para a salvação (correção da alma, o que significa dar ao desejo de receber o objetivo de doar), e que não deve ser negligenciado. Além disso, como regra, quanto mais novo é o estudante de Cabalá, maior deverá ser sua preferência pelo estudo da Cabalá acima de qualquer outra forma de estudo.

O Livro do Zohar diz: "No final do dia, quando sua composição (*O Livro do Zohar*) aparece abaixo, por causa dele você irá libertar a Terra (libertar o desejo do egoísmo, ou seja, corrigi-lo)." Para os Cabalistas, o surgimento de tal método sistematizado e estruturado pelo Ari marcou o começo do fim dos dias, ou o que eles chamam de "última geração".

Em sua introdução ao *A Árvore da Vida*, Chaim Vital escreveu: "Mesmo nesta última geração, não estamos revoltados e não detestamos violar a aliança Dele (do Criador) conosco". Em outras palavras, na opinião de Vital, que ele repete várias vezes nessa introdução, estamos na última geração, mas ainda não temos nenhum desejo de correção do egoísmo em altruísmo.

E ele continua: "Quando acontece de os dias do Messias * se aproximarem (para o fim da correção), até mesmo pequenas crianças entenderão os grandes segredos da sabedoria. Além disso, foi explicado que, até agora, as palavras da sabedoria do *Zohar* foram escondidas, mas na última geração essa sabedoria vai surgir e se tornar conhecida".

Vital também explica que todos os problemas de *Adam ha Rishon* — a alma coletiva que todos compreendem — originam-se em não se conhecer Cabalá. Em suas palavras, "Foi explicado... que o pecado de *Adam ha Rishon* (embora Cabalistas se refiram a esse pecado como um "erro", não como um ato deliberadamente malicioso) foi que ele não escolheu se envolver na Árvore da Vida, que é a sabedoria da Cabalá.".

---

*A força que puxa para fora o egoísmo. Na Cabalá, o termo "Messias" refere-se à palavra hebraica *Moshech* (puxando), que denota uma força que puxa a pessoa do egoísmo ao altruísmo, corrigindo a alma. Os termos "redenção" e "libertação" também são nomes de códigos para a mudança do egoísmo em altruísmo. Também o advento do Messias refere-se ao tempo em que isso irá acontecer a toda a humanidade.

No restante do texto citado, Chaim Vital tenta facilitar a abordagem das pessoas à Cabalá ao esclarecer os equívocos prevalecentes que os Cabalistas têm promovido desde o ocultamento de *O Livro do Zohar*. Em suas palavras, "Isto, em si, é o pecado da multidão mista [uma referência àqueles entre os judeus que proíbem o estudo da Cabalá], que diz sobre Moisés: 'Você fala conosco... e não deixa que Deus fale conosco para que não morramos nos segredos da Torá [um epíteto comum para a sabedoria da Cabalá]'. É como se os errados acreditassem e dissessem que qualquer pessoa que se dedica a ela [Cabalá] terá uma vida curta. Hoje, são eles que caluniam e dão um mau nome à sabedoria da verdade [outro epíteto para a Cabalá]".

Em outro lugar, ele acrescenta: "Até agora, as palavras da sabedoria d'*O Zohar* foram escondidas, mas na última geração [que Vital define como sua geração] essa sabedoria aparecerá e se tornará conhecida, e eles estudarão e compreenderão os segredos da Torá [Cabalá], que os antigos não alcançaram. Por isso, a objeção dos néscios, que dizem: "Se os antigos não sabiam disso, como nós saberemos?", será revogada. Como é explicado, nessas últimas gerações eles serão alimentados por essa composição [*O Livro do Zohar*] e a sabedoria aparecerá para eles.".

Enquanto sob o patrocínio de seu mentor, o Ari, Chaim Vital teve o privilégio de aprender com a mais alta autoridade da Cabalá do seu tempo. Ainda assim, Vital não foi a única voz de sua geração a enaltecer a necessidade de divulgar a Cabalá. O Cabalista Avraham Ben Mordechai Azulai (1570-1644) expressou claramente a necessidade de divulgar a Cabalá do seu tempo em diante: "Eu vi escrito que a proibição ... abster-se de estudar abertamente a sabedoria de verdade era só ... até o final de 1490. Mas a partir de então a proibição foi anulada e foi dada a permissão para se engajar n'*O Livro do Zohar*. E a partir de 1540 tem sido uma grande *Mitzvá* [mandamento, mas também boa ação] para as massas estudarem, velhos e jovens... E já que o Messias virá por causa disso, e por nenhuma outra razão, não devemos ser negligentes.".

No século XVI, a cidade de Safed, no norte de Israel, era a "capital" da Cabalá. Essa foi também a cidade onde o Ari viveu e ensinou a seus alunos. O maior Cabalista de Safed, até a chegada do Ari, foi Moshe Cordovero (1522-1570), conhecido como "o Ramak". Ele precedeu o Ari em alguns anos, mas ele já podia sentir a aproximação de uma nova fase do desejo. Em seu livro, *Conheça o Deus de teu pai*, ele escreveu: "A Torá inteira só fala de nada mais que a existência do Criador e Seu mérito em Suas *Sefirot* e Suas operações nelas. E quanto mais a pessoa estuda seus segredos [Cabalá], melhor, já que profere Seu mérito e faz maravilhas nas *Sefirot*".

Ao longo do tempo, os Cabalistas sentiram uma urgência cada vez maior de que as pessoas estudassem Cabalá, porque temiam que os problemas e as calamidades se sucedessem se as pessoas não soubessem o *modus operandi* básico da vida. Eles até começaram a escrever a favor de ensinar às crianças. Yitzhak Yehuda Sarfin de Komarno (1806-1874), por exemplo, escreveu em seu livro, *Notzer Hesed* (Mantendo a Misericordia): "Se o meu povo tivesse me atendido nesta geração... eles teriam estudado *O Livro do Zohar* e o *Tikkunim* [correções, parte *do Zohar*], e contemplá-los até com crianças de nove anos de idade".

Da mesma forma, o Cabalista Rav Yaakov Yitzhak Ben Shabtai Lifshitz (1845-1910) escreveu em seu livro, *Segulot Israel* (A Virtude de Israel): "Que eles comecem a ensinar o livro sagrado do *Zohar* para as crianças quando elas ainda são pequenas, com a idade de nove ou dez anos, como foi escrito pelo grande Cabalista ... e a redenção... [a correção completa] virá certamente logo a seguir".

Em certa medida, os Cabalistas foram bem sucedidos em seus esforços. A *Chassidut* (Chassidismo), movimento estabelecido no século XVIII na República Polonesa-Lituana (Ucrânia de hoje) pelo rabino Israel ben Eliezer (1698-1760), conhecido como Baal Shem Tov (Dono do Bom Nome), produziu um grande número de Cabalistas. Quando os estudantes do Baal Shem Tov alcançavam proficiência suficiente na Cabalá e uma percepção bastante clara do mundo espiritual, ele os mandava a outras cidades para continuarem espalhando a Sabedoria. Os alunos do Baal Shem Tov alimentaram mais estudantes, ajudaram-nos a também atingir a percepção espiritual e, por sua vez, enviaram-nos em seus caminhos para disseminarem ainda mais a Sabedoria. Assim, um vasto movimento, cujos líderes eram todos Cabalistas, foi formado.

Com o tempo, no entanto, assim como aconteceu com o povo de Israel antes da destruição do Segundo Templo, o nível espiritual dos professores diminuiu, até que perderam completamente sua realização espiritual. Mesmo assim, os efeitos positivos da *Chassidut* não podem ser superestimados, quando se considera o sucesso do Baal Sham Tov em introduzir a Sabedoria até então oculta para as massas.

O Alcance da Cabalá se Estende

Embora a Cabalá tenha sido uma Sabedoria secreta por mais de um milênio, textos cabalísticos poderiam sempre ser encontrados se a pessoa realmente quisesse estudá-los. Durante o Renascimento, muitos estudiosos não só descobriram os livros de Cabalá, mas, aparentemente, os estudaram com entusiasmo e trataram a Cabalá como uma Sabedoria de grande mérito.

No capítulo anterior, mencionamos Johannes Reuchlin (1455-1522), que alegou que Pitágoras recebeu o seu conhecimento dos judeus, ou seja, dos Cabalistas, e que o termo "filosofia" surgiu quando Pitágoras traduziu a palavra "Cabalá" para o nome grego "filosofia". Reuchlin, porém, não foi o único. Muitos cientistas e pensadores aclamados falaram favoravelmente da Cabalá e pediram a seus leitores para explorá-la, esforçando-se para limpar equívocos e estigmas que a rodeavam.

Um dos filósofos mais notáveis que mostrou grande interesse na Cabalá foi o aclamado dramaturgo, escritor e cientista Johann Wolfgang von Goethe (1749-1832). Em *Materialien zur Geschichte der Farbenlehre*, Goethe escreveu: "O coro todo [assembleia] daqueles que se reúnem — judeus, cristãos, pagãos e homens santos, padres da Igreja e os hereges, os Conselhos [Sínodo] e papas, reformadores e todos os adversários, enquanto eles explicam... [Eles] fazem isso pela maneira de Platão ou Aristóteles, conscientemente ou inconscientemente, como ... o *Talmud* e o tratamento cabalístico da *Bíblia* nos convencem".

Os primeiros séculos da Terceira Fase na evolução dos desejos forneceu a base para a expansão de terras e ideias. A Era das Descobertas, a Revolução Científica, o Humanismo, a Reforma e o Movimento Iluminista foram partes de uma profunda mudança que abriu a mente das pessoas e expandiu sua visão acerca do mundo. Esses movimentos e ideologias permitiram às pessoas explorarem além de sua criação na infância e refletirem sobre a vida e seu significado. O período romântico na música clássica, o *Sturm und Drang* (tempestade e ímpeto) na literatura do mesmo movimento e o estilo impressionista de pintura ressaltaram experiências pessoais e emoções na arte e, de fato, apresentaram uma tendência que só iria se fortalecer no século XX. Essa tendência, que acabou por produzir a epidemia de narcisismo à qual Twenge e Campbell se referem (veja Introdução e Capítulo 5), foi uma precursora do Estágio Quatro na evolução dos desejos.

A existência de ideias nobres como igualdade de oportunidades, direitos humanos e liberdade de expressão não foi suficiente, porém, para desencadear uma nova era. Para isso, eram necessários meios para comunicar essas ideias. O século XVIII e, especialmente, o XIX facilitaram exatamente isto — a comunicação e o transporte de massa.

O motor a vapor, inventado no século XVII, foi melhorado drasticamente nos dois séculos seguintes e se tornou o provedor principal de força motriz para a indústria e o transporte. Perto do final do século XVIII, motores a vapor começaram a ser usados em barcos. No século seguinte, esses motores haviam melhorado tanto que se tornaram a principal fonte de força motriz em barcos e navios.

Em terra, a locomotiva a vapor mudou a face do transporte do século XIX. As primeiras tentativas de se desenvolver uma locomotiva a vapor datam da segunda metade do século XVIII. Foi, no entanto, somente após George e Robert Stephenson e da caldeira Rocket de multitubos que uma locomotiva a vapor, comercialmente viável, foi construída. De fato, a locomotiva Rocket foi tão bem sucedida que versões aprimoradas ainda eram usadas comercialmente no século XX e até no começo do XXI (Ilustração nº 8). E embora tenham se tornado uma visão rara, motores a vapor ainda estão em uso até os dias hoje em locomotivas. Assim, com tal meio eficiente de trânsito, o deslocamento se tornou fácil e a migração de pessoas muito mais frequente.

Imagem no. 8: Nova locomotiva a vapor 60163 Tornado, fabricada na Inglaterra, em 2008.

O Transporte privado também estava se desenvolvendo na mesma época. Viam-se várias formas de "carruagens sem cavalos", como eram chamados os automóveis, que já existiam desde o final do século XVIII. Até o último quarto do século XIX, porém, eles eram tratados como estranhos e frequentemente considerados um incômodo. Em 1865, a Lei da Locomotiva na Grã-Bretanha restringiu a velocidade dos veículos sem cavalos a 4 mph em campo aberto e a 2 mph nas cidades. Além disso, a Lei exigia *três* motoristas para cada veículo — dois para viajarem no veículo e um para *andar a sua frente,* agitando uma bandeira vermelha.

Em 1876, porém, Nikolaus August Otto inventou com sucesso um motor de quatro tempos, conhecido como o "ciclo Otto", e, nesse mesmo ano, o primeiro motor de dois tempos bem sucedido foi inventado pelo engenheiro escocês Sir Dugald Clerk. Dez anos mais tarde, os primeiros veículos com motor de combustão interna foram desenvolvidos aproximadamente ao mesmo tempo por dois engenheiros que trabalhavam em lugares diferentes da Alemanha — Gottlieb Daimler e Karl Benz. Eles simultaneamente criaram veículos de grande sucesso e praticamente potenciaram veículos que funcionavam de maneira muito parecida com a dos carros que usamos hoje. Esse foi o início da Idade dos Carros Motorizados.

No início do século XX, a fronteira final terrestre foi conquistada — o céu. Segundo o Smithsonian National Air and Space Museum, "Em 17 de dezembro de 1903, em Kitty Hawk, na Carolina do Norte, o Flyer Wright [Orville] se tornou a primeira máquina motorizada mais pesada que o ar para alcançar um vôo, sustentado e controlado com um piloto a bordo.". A partir daí, nem mesmo o céu estava fora dos limites para a humanidade.

No período de tempo entre a escrita de *A Árvore da Vida* e o início do século XX, o nosso desejo de governar e de lucrar nos levou a desenvolver tais capacidades em ciência, tecnologia, comunicação e transporte que, já no início do século XX, todas as principais massas de terra eram conhecidas, conectadas e negociavam regularmente umas com as outras. Assim, o mundo tinha se tornado efetivamente uma única entidade, uma aldeia global. E embora isso não tenha sido evidente para os cidadãos comuns na época, o século XX, com suas alegrias e tristezas, demonstraria de maneira profunda nossa conexão e interdependência.

Como dissemos no início deste capítulo, precedendo cada nova etapa na evolução dos desejos aparece o precursor apropriado. No caso do Estágio Quatro, seu precursor não era apenas um Cabalista que poderia explicar as coisas melhor do que qualquer um de seus predecessores, mas quase todo um século serviu como um precursor de uma nova era. O século XX não só previu, mas até facilitou o advento do novo desejo. Por essa razão, o século XX merece ser coberto por um capítulo inteiro.

Capítulo 9: Um Mundo

Diante disso, o século XX parece ser o começo de um novo estado na evolução dos desejos. Cada âmbito de vínculo humano foi revolucionado (frequentemente re- ou contra- revolucionado) durante esse século. De fato, o ritmo da mudança nesse século se intensificou tanto, que a vida começou a mudar em ritmo exponencial.

Mais surpreendente, porém, que o ritmo do progresso foi o ritmo da globalização. O processo de se tornar um único sistema econômico, que teve início na Era dos Descobrimentos e do Colonialismo, culminou no século XX. No final do século, praticamente nenhum país permaneceu completamente autossuficiente.

Embora a rápida expansão e a mudança em todos os domínios da vida sejam claramente evidentes, seu escopo e velocidade são tão alarmantes que, do meu ponto de vista, isso merece uma pequena reflexão. Se você, no entanto, acha desnecessário analisar alguns dos maiores desenvolvimentos ocorridos no século XX, está convidado a ir diretamente para a próxima seção, intitulada "Links invisíveis".

Em 1900, a população mundial era de, aproximadamente, 1.6 bilhões de pessoas. No final do século, era superior a seis bilhões. Em 1900, a velocidade média de um carro era de 11 quilômetros por hora. Cem anos depois, até mesmo um carro familiar poderia alcançar a velocidade média de 130 quilômetros por hora. Além disso, os principais meios de transporte mudaram de carruagens, bicicletas e caminhada para conduções motorizadas. Na virada do século XX, a maior parte das caminhadas era feita nas esteiras elétricas em casa, parques ou academias. E o mesmo pode ser dito em relação à bicicleta.

Nas viagens para o exterior, aviões comerciais substituíram completamente os navios de passageiros, e o tempo de viagem entre os continentes diminuiu de várias semanas para algumas horas (embora os navios de carga, e não os aviões, ainda sejam o principal meio de transporte de mercadorias). E (muito literalmente) acima de tudo, para ajudar carros e navios a navegar, para alertá-los sobre o mau tempo e para o levantamento de território inimigo, temos satélites posicionados no espaço.

Com respeito à tecnologia, a vida mudou não somente em relação à rapidez e ao conforto de nossas viagens, mas também nos instrumentos que usamos diariamente. Aparelhos como telefones (e mais tarde os celulares), lâmpadas elétricas, rádios, televisores e computadores não existiam ou estavam estreando no inicio de 1900. Em casa, a vida nunca foi tão fácil. Máquinas de lavar roupa, secadoras, refrigeradores, *freezers*, aspiradores de pó, fogão elétrico, e (desde os anos 1970) forno de micro-ondas – todos esses aparelhos se tornaram ferramentas caseiras.

Em 1900, o entretenimento popular era o *vaudeville* (um circuito itinerante de apresentações ao vivo, com mágicos, acrobatas, comediantes, animais treinados, cantores e dançarinos), bem como filmes mudos em preto e branco e o *ragtime*. No ano 2000, os filmes "enlatados" já eram totalmente coloridos, além de terem som Dolby Surround Stereo, e os esportes profissionais se tornaram uma grande alternativa de entretenimento. A música ofereceu inúmeros estilos, cada um com seus numerosos subtítulos: *rock, folk, blues,* clássica, *jazz, pop, hip-hop, trance,* música étnica de todos os tipos, e a lista é interminável. Não somente música, mas teatro, artes visuais, fotografia e qualquer outra forma de arte têm se expandido exponencialmente em diversidade. Jogos de computador também se tornaram bem populares no final do século XX, e a internet começava a expandir sua presença nas casas das pessoas. Além disso, as pessoas não precisavam sair de suas casas para se entreter ou se informar, porque possuíam rádios, televisores, reprodutores de CD/Fitas K7, VCRs ou DVDs.

Infelizmente, os avanços tecnológicos do século XX foram (e ainda são) usados de forma prejudicial, com resultados devastadores: guerra, ocupação, opressão e tirania se tornaram exponencialmente mais efetivas e destrutivas, resultando em duas guerras mundiais e muitos genocídios no espaço de tempo de um único século.

As duas guerras mundiais mudaram o mapa mundial dramaticamente e extinguiram a Era do Colonialismo (com algumas exceções, como a Índia, que ficou independente da Inglaterra em 1947, ou a Argélia e outras nações sob o domínio francês, que se independentizaram nos anos 1950 e 1960). Tal fato permitiu que vários novos países experimentassem a independência pela primeira vez, embora as diferenças de salário, de infraestrutura e de padrão de vida entre o poderoso império e os novos países liberados não só permaneceram, mas também se ampliaram.

No século XX, a ciência mudou drasticamente a maneira como nós vemos o mundo. A Especial e Geral Teoria da Relatividade de Einstein, seguida pelo advento da mecânica quântica, revolucionizaram a maneira como os cientistas percebem o mundo, pavimentando o caminho para numerosas inovações, desde *lasers* até microprocessadores e tudo derivou daí. A genética foi significativamente desenvolvida, a estrutura do DNA foi determinada e, na virada do século, o primeiro mamífero, Dolly, a ovelha, foi clonada.

Na astronomia, a teoria do Big Bang foi proposta e a idade do universo foi determinada em cerca de 14 bilhões de anos. Além disso, nossa capacidade de observação melhorou dramaticamente desde o lançamento, em 1990, do Telescópio Espacial Hubble.

E os últimos tópicos da lista, mas certamente não os menos importantes, a medicina e a saúde. De acordo com o Relatório Nacional de Estatísticas Vitais, de 28 de dezembro de 2001, escrito por Elizabeth Arias, PhD, do Centro de Controle de Doenças e Prevenção (CDC), um bebê macho americano caucasiano nascido em 1900 poderia esperar atingir a idade de 46 anos (32, se fosse afro-americano). Em 2000, os números eram 74 e 68 anos, respectivamente![129] Isso foi possível graças ao aprimoramento da higiene médica, com a esterilização dos instrumentos usados em cirurgia e o uso de roupa protetora pelo pessoal da medicina; da higiene pessoal, com o hábito de lavar as mãos; bem como à grande série de vacinas que foram desenvolvidas e à rápida disseminação de medicamentos antibióticos.

Além disso, avanços tecnológicos tornaram os raios-X uma poderosa ferramenta de diagnósticos para um amplo espectro de doenças, desde fraturas ósseas até câncer. Nos anos de 1960, a tomografia computadorizada (CT) foi inventada e, uma década depois, a Imagem por Ressonância Magnética (IRM) foi desenvolvida. Tudo isso e muitas outras inovações do século XX e mudanças ocorridas no século passado o tornaram um marco, com uma posição única na história.

Links Invisíveis

Em pelo menos três momentos, o mundo testemunhou o efeito dos *links* invisíveis que nos ligam num único sistema. Nas duas guerras mundiais, praticamente continentes inteiros engajaram-se em luta ativa. A Grande Depressão provocou múltiplos tsunamis financeiros pelo globo, destruindo as vidas e os rendimentos de milhões de pessoas. De acordo com a *Enciclopédia Britânica*, "Já que os EUA foram o maior credor e financiador do pós-guerra da Europa [Primeira Guerra Mundial], o Crack financeiro dos EUA (1929) provocou fracassos econômicos ao redor do mundo. O isolacionismo se espalhou, enquanto as nações lutavam para proteger a produção doméstica, impondo tarifas e cotas, reduzindo o valor do comércio internacional em mais da metade em 1932."[130]

Não obstante as evidências, a humanidade não reconhece que é um sistema fechado, interdependente. A cada adversidade, os países voltam ao protecionismo e ao isolamento, aumentando tarifas, empregando medidas punitivas contra os aparentes infratores e ignorando ou esquecendo que adversidades nunca são criadas ou executadas por um único culpado. Ao contrário, elas sempre são a culminância de um processo prolongado que envolveu muitos participantes.

Consequentemente, quando você percebe o quão profundamente estamos todos conectados, que, no nível mais profundo, somos, na verdade, uma única entidade, torna-se difícil apontar o dedo para qualquer culpado. Nesse ponto, você começa a examinar questões e situações a partir de uma perspectiva ampla, entendendo que cada um de nós afeta cada pessoa no mundo. Para isso, porém, é necessário estar ciente de que todas as pessoas formam uma única alma (desejo de receber), cujo *modus operandi* autocentrado cega suas partes para a verdade de sua interconexão e interdependência.

Enquanto a humanidade estava evoluindo sob a influência dos desejos Zero a Dois, nosso esquecimento acerca de nossa interconexão era tolerável. No Estágio Zero, não havia basicamente qualquer desejo perceptível de receber; o homem era uma parte da Natureza. No Estágio Um, na época de Abraão, o egoísmo apareceu pela primeira vez. Ainda, nesse ponto, a humanidade estava na sua infância e não havia perigo de causarmos dano irreversível a nós mesmos ou ao ambiente. No Estágio Dois, havia, evidentemente, mais egoísmo, mas também era administrado principalmente pela religião, como mostramos no Capítulo 7.

No Estágio Três, o desejo de receber tornou-se ativo. Como resultado, desde a estreia do Estágio Três no final da Idade Média, a humanidade iniciou freneticamente um processo de desenvolvimento acelerado e crescimento que agora alcançou uma taxa incontrolável. Como vamos ver a seguir, essa taxa já foi reconhecida há tempos pela ciência, bem como pela Cabalá.

No capítulo anterior, citamos observações de pesquisadores de que a humanidade está avançando exponencialmente. Talvez a evidência mais convincente do reconhecimento dessa tendência pela ciência é a de Charles Darwin. A partir de suas observações e as de seus predecessores, aprendemos que o crescimento exponencial não é um fenômeno recente. Ao contrário, o crescimento exponencial é como o *todo* da Natureza funciona.

Em *A origem das espécies*, Darwin aborda o crescimento exponencial e cita o botânico sueco, Carolus Linnaeus (1707-1778), que também observou esse padrão: "Não há exceção à regra de que cada ser orgânico se multiplica a uma taxa tão alta, que, se não for destruído, a terra seria logo coberta pela prole de um único par. Mesmo a reprodução humana, que é lenta, duplicou nos últimos vinte e cinco anos e, nesse ritmo, em poucos milhares de anos, não haverá, literalmente, espaço para sua geração. Linnaeus calculou que se uma planta anual produzisse somente duas sementes – e não há planta tão improdutiva como essa – e suas sementes produzissem no próximo ano mais duas, e assim em diante, então, em vinte anos, haveria um milhão de plantas."[131]

Quando os desejos são pequenos, como em plantas, animais ou até mesmo nos estágios iniciais da evolução dos desejos nos humanos, a Natureza encontra maneiras de equilibrar a taxa de crescimento exponencial, apresentando igualmente poderosos elementos, como plantas rivais e animais, que formam um equilíbrio delicado. É por isso que Darwin escreveu na citação acima: "cada ser orgânico se multiplica a uma taxa tão alta, que, *se não for destruído*, a terra seria logo coberta..."[132]

Visto de forma diferente, os próprios mecanismos da Natureza garantem que o excesso de reprodução de plantas e animais seja restringido. Quando, porém, os desejos crescem exponencialmente nas espécies dominantes e, especialmente, quando manifestam uma tendência autocentrada, como começou a se manifestar no Estágio Três, o equilíbrio ambiental é quebrado e um problema sério surge.

O Efeito Exponencial

Para entender melhor a mudança que se desenrolou durante o século XX, e que ainda se desenrola, precisamos entender a natureza do crescimento exponencial. O fator decisivo para o crescimento exponencial não é a quantidade inicial, mas o que é conhecido como "duplicação da velocidade do tempo". Isso remete ao período de tempo que se gasta para duplicar a quantidade do objeto medido.

Para entender a diferença entre crescimento exponencial e crescimento linear, considere o seguinte cenário: a Sra. A é uma mulher pobre com apenas um dólar na sua poupança. O Sr. B, por outro lado, não é tão pobre e possui dez mil dólares em sua poupança. Ambos salvam o que podem para uma emergência e têm trinta anos de trabalho pela frente antes que se aposentem e retirem sua pensão.

A poupança da Sra. A cresce exponencialmente e seu tempo de duplicação é de um ano. Então, após um ano, ela tem dois dólares na sua conta ($1 \times 2^{1(ano)} = \$2$); após dois anos, ela terá quatro dólares ($1 \times 2^{2(anos)} = \$4$) e, após três anos, ela terá míseros oito dólares em sua conta ($4 \times 2^{3(anos)} = \$8$).

A poupança do Sr. B cresce linearmente, adicionando, portanto, uma bela quantia de $10.000 dólares em sua conta a cada ano.

Após cinco anos, parece que a Sra. A está destinada a uma vida de indigência com somente 32 dólares em sua conta, enquanto o Sr. B parece caminhar para uma vida de abundância relativa com uma quantia próxima de 50.000 dólares no banco. Se, no entanto, eles continuarem a poupar por mais trinta anos até a aposentadoria, no fim desse tempo, o Sr. B terá acumulado a considerável quantia de $10.000 x 30 anos = $300.000 em sua conta poupança.

A Sra. A, por outro lado, não será mais pobre. Após trinta anos de poupança exponencial, sua conta terá acumulado a enorme quantia de 1.073.741.824$ (1×2^{30}) — mais que um *bilhão* de dólares!

Como dissemos anteriormente, os Cabalistas há muito tempo conhecem o padrão de crescimento exponencial da natureza humana. Eles o descreveram na frase frequentemente citada do texto de 1.500 anos de idade, *Midrash Rabbah*: "Se alguém tem 100, desejará torná-los 200, e se tiver 200, desejará torná-los 400."[133]

Há, no entanto, uma diferença não tão sutil entre o tempo de duplicação exponencial em uma fórmula exponencial comum e o tempo de duplicação cabalístico. Em uma fórmula exponencial tradicional, o tempo de duplicação é fixo. Quando o crescimento anual do PIB de um país, por exemplo, é de 7%, o tempo de duplicação para o PIB é de dez anos.

Assim, economistas podem planejar com antecedência, mesmo quando o crescimento é rápido, já que ainda é previsível e, portanto, algo controlável.

O crescimento dos desejos, no entanto, é imprevisível. Nos desejos, como a citação anterior exemplificou, o que duplica o desejo não é uma medida fixa de tempo, mas o fato de alguém ter *satisfeito o seu desejo*. Note o que a citação diz: "Se alguém tem 100, desejará torná-los 200", etc. Isso significa que a condição para adquirir um desejo duplamente mais forte é a realização do anterior. Em outras palavras, *você nunca pode ter o que quer, porque no minuto em que você o consegue, vai querer o dobro.*

Então, se o desejo da Sra. A de ter um dólar na sua conta fosse satisfeito, ela imediatamente gostaria de ter dois dólares. E logo que ela tivesse dois, imediatamente desejaria quatro em sua conta. Por isso, a fórmula Cabalística exponencial dita que os desejos da Sra. A sempre duplicam um passo à frente de suas conquistas. Por conseguinte, como suas conquistas duplicaram, seus desejos também, deixando-a não apenas com um senso de deficiência eterna, mas que duplica cada vez que ela obtém o que deseja.

Se o desejo do Sr. B fosse guardar $10.000 por ano, então, pelos últimos trinta anos, ele seria um homem contente (senão feliz) e pode agora aposentar-se em paz. A Sra. A, no entanto, cujo desejo inicial era somente por mais um dólar, agora tem um déficit de mais de um bilhão de dólares, porque é o que ela tem em sua conta.

Além do mais, com o crescimento exponencial da sua riqueza (e consequente morte), ela está destinada a uma vida de procura sem fim por riqueza e felicidade, que vai somente levar à miséria e à dor pelo resto de sua vida. O *Talmude Babilônico* diz de alguém com esse tipo de desejo: "Qualquer um que for maior que seu amigo [neste caso, financeiramente], seu desejo é maior que ele mesmo"[134]; e (*Midrash Rabbah*, como citado anteriormente) "Uma pessoa não deixa o mundo com metade do seu desejo em uma mão."[135]

A Ampla Rede Mundial

Como notamos, os desejos humanos duplicam cada vez que os satisfazemos. Isso nos força continuamente a inovar, inventar novos instrumentos, explorar novos mares e conceber novas ideias para obter o que desejamos. Durante o Estágio Três na evolução dos desejos, quando eles ficam ativos pela primeira vez, os efeitos do padrão exponencial vão claramente mostrando o ritmo acelerado do progresso.

Assim, na busca por novas vias de prazer, transformamos o mundo numa rede de rotas comerciais por ar e mar e por várias tecnologias de comunicação. O World Wide Web não é somente uma entidade virtual que vive nos nossos computadores; é um nome que descreve a realidade de nossas vidas. Isso foi reconhecido há muitos anos por sociólogos, bem como pelos Cabalistas.

Hoje, a globalização e a interdependência financeira são fatos bem reconhecidos. A globalização, no entanto, é muito mais que interdependência financeira; ela implica em uma profunda mistura de cultura, sociedade, civilização como um todo e, no fim, um destino comum. Professor de Relações Internacionais e autor prolífico sobre globalização, Anthony McGraw fez relatos muito claros sobre o impacto desse processo na sociedade humana. No ensaio intitulado "Uma Sociedade Global?", ele escreve: "Em comparação com épocas históricas anteriores, a era moderna suportou uma globalização progressiva dos interesses humanos. As instituições primárias da modernidade ocidental – industrialização, capitalismo e estado nação – adquiriram, no século XX, um alcance verdadeiramente global. Isso, porém, não foi alcançado sem um enorme custo humano. (...) Enquanto as fases iniciais da globalização promoveram a unificação física do mundo, fases mais recentes transformaram o mundo em um único sistema global, no qual sociedades históricas ou civilizações anteriormente distintas foram unidas. Isso (...) define uma condição mais complexa, na qual padrões de interação humana, interconectividade e consciência estão reconstituindo o mundo como um único espaço social."[136]

O cabalista Yehuda Ashlag também reconheceu a tendência e seus perigos e a explicou da perspectiva da evolução dos desejos. Em seu ensaio "Paz no Mundo", Ashlag fornece tanto sua observação acerca do estado do mundo em seu tempo, como a atitude que a humanidade deve adotar para lidar com a situação. Nesse ensaio, ele escreve: "Nós já chegamos a um nível em que o mundo inteiro é considerado uma coletividade e uma sociedade. Isso significa que, como cada pessoa no mundo extrai essência e subsistência das demais pessoas do mundo, somos forçados a servir e cuidar do bem estar de todo o mundo"[137]

Posteriormente, Ashlag explica como nós todos estamos conectados e interdependentes e conclui: "Portanto, a possibilidade de criar condutas felizes e pacíficas em apenas um estado é inconcebível, quando não é assim em todos os países do mundo, e vice versa. Em nossa tempo [ele escreveu o ensaio em 1934], todos os países estão ligados à satisfação de suas necessidades de vida, assim como indivíduos estiveram a suas famílias em tempos anteriores. Nós, por conseguinte, não podemos falar ou lidar com condutas que garantam o bem estar de um único país ou nação, mas somente com o bem estar de todo o mundo, porque o benefício ou prejuízo de toda e qualquer pessoa no mundo depende e é medido pelo benefício de todas as pessoas no mundo." [138]

No último parágrafo, Ashlag prediz que a mera compreensão intelectual, escolástica da situação não será suficiente para que as pessoas internalizem sua interdependência. Em vez disso, as experiências da vida irão obrigá-las a fazê-lo: "E embora tal [interdependência] é de fato conhecida e sentida, as pessoas no mundo ainda não a compreenderam completamente (...) porque essa é a conduta do desenvolvimento na natureza, que o ato [impacto da interdependência em nossas vidas] vem antes do entendimento, e somente ações vão evidenciar e levar a humanidade à frente"[139]

Em retrospectiva, podemos dizer que, lamentavelmente, a previsão de Ashlag se mostrou verdadeira em mais de uma ocasião no século XX, e de formas horríveis. Em "Paz no Mundo", bem como em outros ensaios, Ashlag prediz o que vai acontecer se continuarmos a deixar o ato preceder o entendimento. Ele sugere como devemos nos conduzir para forjar uma existência sustentável e, sem dúvida, desejável. Agora que entendemos a nossa interdependência, tais sugestões serão o tópico de discussão pelo restante deste livro.

Capítulo 10: A Era da Livre Escolha

No capítulo 6, dissemos que, ao contrário de todos os outros elementos na Natureza, os seres humanos têm o poder de mudar o meio ambiente. Isso nos dá algo que nenhuma outra criatura possui: a liberdade de escolha. Em outras palavras, os seres humanos podem escolher se assemelhar ao Criador, dando e adquirindo o poder e o conhecimento que vêm com ele ao adotar a lei de ceder ao próprio interesse ante ao interesse do meio ambiente, ou podem permanecer como nasceram — auto-centrados, com compreensão limitada da Natureza e pagando o preço por seus caminhos errantes ao longo da história. Para escolher ser como o Criador, que, como dissemos no Capítulo 1, é sinônimo de Natureza, as pessoas devem, porém, saber o que o termo "Criador" significa e como elas podem se tornar como Ele.

Também dissemos (capítulo 3) que toda a realidade consiste de uma entidade única, quebrada, chamada de "a alma quebrada de Adão" ou "a alma quebrada", e o termo "alma" refere-se a um desejo de receber com a intenção de doar. Quando os Cabalistas dizem que algo está quebrado, eles não estão se referindo a qualquer quebra física, mas à ruptura das ligações entre todas as partes da alma, o desejo coletivo que constitui a nossa realidade. Essa ruptura ocorre quando as peças na alma começam a operar no seu próprio interesse e não no interesse do sistema. É como se as células em um organismo começassem a operar por si mesmas, causando a morte e a desintegração do organismo.

Ao contrário dos organismos, a alma, no entanto, não pode se desintegrar, por ela ser um desejo único. Assim, enquanto as ligações estão lá, podemos desfrutar dos benefícios da conexão. As células saudáveis beneficiam umas às outras em um organismo, apoiando mutuamente suas existências, mas as células cancerosas competem umas com as outras por sangue e alimento, prejudicando-se, assim, constantemente, umas às outras. No caso da humanidade, nem sequer somos conscientes de que estamos conectados, o que nos impede de tentar nos conectar da maneira correta.

Independentemente, porém, de nossa consciência, somos muito ligados. No dia 10 de setembro de 2009, O *New York Times* publicou uma reportagem intitulada "Seus Amigos o Tornam mais Gordo?", por Clive Thompson. Na sua história, Thompson descreve uma experiência fascinante realizada em Framingham, Massachusetts. No experimento, certos detalhes da vida de cerca de 15000 pessoas foram documentados e registrados periodicamente ao longo de mais de 50 anos. Isso permitiu aos pesquisadores, Dr. Nicholas Christakis, médico e sociólogo de Harvard, e James Fowler, na época um estudante diplomado em Ciência Política, por Harvard, criar um mapa de interconexões e examinar o impacto a longo prazo que as pessoas causavam umas às outras.

Christakis e Fowler constataram que havia uma rede de inter-relações entre mais de 5000 dos participantes. Christakis e Fowler descobriram que, na rede, as pessoas se afetavam entre si e eram afetadas umas pelas outras. Esses efeitos pareciam funcionar não apenas em questões sociais, mas, surpreendentemente, com problemas físicos também.

"Ao analisar os dados de Framingham", Thompson escreveu, "Christakis e Fowler dizem ter, pela primeira vez, encontrado uma base sólida para uma teoria potencialmente poderosa em epidemiologia: que os bons comportamentos — como parar de fumar ou se manter esbelto ou ser feliz — passam de amigo para amigo quase como se fossem vírus contagiosos. Os participantes de Framingham, os dados sugeriam, influenciavam a saúde uns dos outros apenas por socializarem. E o mesmo era verdadeiro quando se tratava de maus comportamentos — grupos de amigos pareciam "contagiar" uns aos outros com a obesidade, a infelicidade e o tabagismo. Permanecer saudável, ao que parece, não é apenas uma questão de seus genes e sua dieta. Boa saúde é também um produto, em parte, de sua proximidade com outras pessoas saudáveis."

Ainda mais surpreendente foi a descoberta dos pesquisadores de que essas infecções poderiam saltar por sobre as conexões. Eles explicaram que as pessoas podiam afetar umas às outras até mesmo sem se conhecerem. Além disso, Christakis e Fowler encontraram evidências desses efeitos até mesmo com três graus de separação (amigo de um amigo de um amigo). Nas palavras de Thompson, "Quando um residente de Framingham se tornava obeso, provavelmente 57% de seus amigos ou amigas estariam propensos a se tornarem obesos também. Ainda mais surpreendente... até parecia que as conexões eram ignoradas. Um residente de Framingham era cerca de 20% mais propenso a se tornar obeso se o amigo de um amigo fosse obeso — mesmo se o amigo que os conectava não houvesse engordado uma única libra. De fato, o risco de uma pessoa ser obesa subia cerca de 10%, mesmo se um amigo de um amigo de um amigo ganhasse peso."

Como Christakis e Fowler descreveram em *Connected: O Poder Surpreendente das Nossas Redes Sociais e como Elas Moldam as Nossas Vidas*, o seu (então a ser publicado e agora comemorado) livro sobre suas descobertas: "Você não pode conhecê-lo pessoalmente, mas o marido da amiga de sua colega de trabalho pode torná-lo gordo. E o amigo do namorado de sua irmã pode torná-lo magro."

Citando Christakis, Thompson escreveu: "Em certo sentido, podemos começar a entender as emoções humanas, como a felicidade, da mesma maneira que podemos estudar o debandar de um búfalo. Você não pode perguntar a um único búfalo 'Por que você está correndo para a esquerda?' A resposta é que o bando todo está correndo para a esquerda."

Da mesma forma, em seu ensaio "A Liberdade", Baal HaSulam escreveu "Aquele que se esforça continuamente para escolher um melhor ambiente é digno de louvor e recompensa. Mas aqui, também, não é por causa de seus bons pensamentos e ações, que vêm até ele sem sua escolha, mas por causa de seu esforço em adquirir um bom ambiente, que lhe traz esses bons pensamentos e ações."

Assim, enquanto as ligações existirem, como o estudo acima demonstra, o nosso egocentrismo nos impedirá de sermos conscientes delas. "O achado estranho de Christakis e Fowler", escreveu Thompson, "é a ideia de que um comportamento pode ignorar ligações, se espalhando de um amigo a um amigo, sem afetar a pessoa que os conecta. Se as pessoas no meio de uma cadeia estão de alguma forma passando por um contágio social, não faz sentido, em face disso, que elas não sejam afetadas também. Os dois pesquisadores dizem que eles não sabem ao certo como funciona a conexão de saltos ".

De fato, agimos como se não estivéssemos conectados, quando na realidade estamos e muito. Hoje, a nossa interconexão tornou-se uma interdependência e, portanto, o abismo entre a realidade e a nossa incessante negação representa uma ameaça real. Essa é a verdadeira causa da crise mundial que estamos vivendo.

Livre Escolha Obrigatória

Nos níveis mais baixos do desejo — Estágios de Um a Três — A Natureza corrige os laços descritos no trecho anterior por si só. No processo de evolução, os elementos da Natureza que seguem a regra de ceder ao interesse próprio frente ao interesse do seu sistema hospedeiro sobrevivem e formam a base para o próximo nível de evolução. Os que não cedem ao seu próprio interesse perecem.

Assim, gradualmente, a Natureza construiu o universo, as galáxias, o nosso sistema solar e o planeta Terra. Então, camada por camada, como mostramos no capítulo 4, a vida na Terra foi formada.

Como o biólogo Sahtouris explicou de forma eloquente, inicialmente cada nova criatura se comporta de maneira egoísta, ignorando a existência e as necessidades de outras criaturas. A luta entre as criaturas, porém, obriga-as, como ele mesmo disse, a "negociar", levando eventualmente à criação de homeostase — a estabilidade necessária para a persistência da vida.

Dessa forma, a vida na Terra evoluiu etapa por etapa até a Quarta Etapa na evolução dos desejos e o *Homo sapiens* apareceu. Inicialmente os seres humanos eram como todas as outras criaturas. Assim como os desejos evoluem em toda a Natureza, os nossos desejos também evoluem etapa por etapa a partir de Zero até Quatro. Nos Estágios de Zero a Dois, os desejos de ganância , controle e conhecimento não eram potentes o suficiente para nos separar da Natureza a ponto de ameaçarem a nossa existência. Como todos os outros elementos da Natureza, fomos forçados a negociar e aceitar o poder dos elementos como uma das necessidades da vida. A história, no entanto, mostra que não fomos tão flexíveis e tolerantes para com os outros seres humanos.

Como descrito no Capítulo 8, aproximadamente desde o século XV, porém, o Terceiro Estágio prevaleceu. Desde então, os desejos de autoexpressão e excelência pessoal têm crescido em nós e se expandido de forma exponencial.

Há uma qualidade peculiar aos desejos de reconhecimento e distinção pessoal. Embora esses desejos reflitam uma natureza autocentrada, uma vez que visam a apresentar o indivíduo que os possui como superior aos outros, eles também obrigam aqueles que os possuem a se conectarem aos outros. Isso é assim porque, para sermos superiores aos outros, devemos mensurar nossas qualidades, nossas realizações, nossos esforços e nossas posses em comparação com os dos outros. Se eu não me comparar com os outros, a quem poderei ser superior?

Assim, a superioridade dita a comparação e, portanto, obriga o homem egocêntrico do Estágio Quatro a perpetuar conexões com os outros. E quanto mais egocêntrico somos, mais queremos nos sentir superiores aos outros e, portanto, mais obrigados a reforçar nossas conexões com os outros.

Na verdade, a própria palavra "egocêntrico" implica que pode haver também outro centro para os nossos pensamentos. E o estigma negativo ligado ao egoísmo implica que nós instintivamente sabemos que direção é melhor para nós — o altruísmo, sendo "outro-cêntrico".

A pergunta é: "Por que não estamos agindo como o restante da Natureza, da maneira que parece ser em nosso próprio interesse também?" A resposta é que parece que seria melhor se todos fossem altruístas, mas (com exceção de poucos), por causa de nossos egos, queremos que todos o sejam primeiro. Todos nós concordamos com a ideia de altruísmo, mas estamos paralisados quando se trata de executá-la. Até vermos que todo mundo está cumprindo isso e até sabermos com certeza que nada perderemos doando, não poderemos doar.

Como resultado, o altruísmo não parece ser uma boa ideia, mas ingênua e até mesmo perigosa — e se eu for o primeiro e depois for explorado? Em consequência, a maneira da Natureza, que parece ser o caminho certo para nós, na verdade parece ser o caminho errado na prática. É por isso que não parece razoável escolhê-lo.

Ao mesmo tempo, porém, como temos demonstrado ao longo deste livro, *apenas* os altruístas sobrevivem. Já estamos conectados e já nos afetamos uns aos outros, portanto, já estamos nos prejudicando mutuamente com nossas intenções enganosas para com os outros. Em outras palavras, o nosso egoísmo já está causando seus efeitos sobre nós, assim, como podemos ver, a escolha do altruísmo é ao mesmo tempo obrigatória e totalmente desagradável.

É essa falta de atrativos, no entanto, que a torna uma livre escolha. Se fosse atraente, o faríamos automaticamente, seguindo nossas intenções egocêntricas, e isso já não seria altruísmo, mas novamente egoísmo disfarçado, o que nos levaria a nossa destruição final.

Há outra razão, porém, pela qual o livre arbítrio é uma obrigação para nós, seres humanos. No início do livro, dissemos que, segundo a Cabalá, o propósito da Criação é assemelhar-se ao Criador, assim como o propósito de uma criança é tornar-se um adulto como seus pais. E assim como uma criança deve aprender a fazer escolhas livremente sobre questões que dizem respeito à vida corporal, a Criação, ou seja, nós, devemos aprender a fazer escolhas livremente no que diz respeito à vida espiritual.

Quando os Cabalistas se referem à vida espiritual, eles se referem a escolhas para agir por motivos egocêntricos ou por motivos sociocêntricos ou por motivos Criadorcêntricos. Ao optarmos por sermos sociocêntricos, alcançamos o propósito da nossa existência de nos assemelharmos ao Criador, com todas as capacidades e responsabilidades implicadas.

No capítulo 2, mencionamos o livro de Meltzoff e Prinz, *Perspectivas sobre a Imitação*, no qual eles descrevem a importância da imitação e da identificação com modelos padrão na educação das crianças. Não são apenas as crianças, contudo, que aprendem dessa forma, é como todos nós aprendemos. Se não formos afetados uns pelos outros, pelos nossos desejos e comportamentos, a moda teria sido impossível, porque ninguém iria seguir qualquer outra pessoa. Além disso, não teríamos progredido, já que nada em nossos vizinhos evocaria nossa inveja e nos conduziria a melhorar nossas próprias vidas. Isso iria parar as rodas do progresso instantaneamente. Ao realizarmos atos de altruísmo, nós imitamos o Criador — a força da vida que cria e impulsiona tudo o que acontece. E assim como as crianças aprendem a ser adultos, imitando-os, vamos aprender a ser como o Criador, imitando-O, também.

Pode-se discutir com alto grau de mérito que muitas pessoas realizam atos de altruísmo, mas nenhuma delas parece ter adquirido as qualidades ou as capacidades do Criador. De fato, a diferença entre o altruísmo que encontramos no dia-a-dia entre muitas pessoas e o altruísmo proposto pelos Cabalistas é a *intenção.* No texto "Paz no Mundo", Baal HaSulam mencionou o atual tipo de altruísmo: "Eu não estou dizendo que a singularidade em nós (a sensação de que cada um de nós é único) nunca vai agir em nós em forma de doação.Você não pode negar que entre nós há pessoas cuja singularidade opera nelas na forma de doação aos outros também, como aqueles que gastam todo seu dinheiro para o bem comum, e aqueles que dedicam todos os seus esforços para o bem comum."

Quando essas pessoas fazem o bem aos outros, elas o fazem, no entanto, porque assim se sentem bem. Elas são, por conseguinte, iguais a qualquer pessoa egocêntrica — egoísta que gosta de dar. Se elas nasceram com uma natureza de desfrutar e ferir os outros, elas iriam ferir os outros tão prontamente quanto elas agora doam.

Baal HaSulam e em particular seu filho, Baruch (Rabash), sugerem uma motivação completamente diferente para fazer o bem aos outros. Eles sugerem que pessoas que concordam com o propósito da Criação e desejam alcançá-lo se unam e façam o bem uns aos outros a fim de se tornarem semelhantes ao Criador. Claramente, elas são tão egoístas como todos nós, mas seu *objetivo* é diferente.

"Praticando" o altruísmo a fim de se tornarem como tal, essas pessoas descobrem sua verdadeira natureza, a natureza do Criador e assim adquirem a capacidade de escolher livremente entre elas. E da mesma forma como as crianças aprendem por imitação, melhorando gradualmente à medida que "praticam", as pessoas que desejam ser como o Criador "praticam" sendo doadoras, até que adquirem essa natureza e assim atingem o objetivo da Criação.

A Estreia do *Zohar*

Por diversas vezes neste livro nós mencionamos o item 38 da "Introdução ao *Livro do Zohar*" (Ashlag), que declara: "O homem (Estágio Quatro) que pode sentir os outros se torna carente de tudo o que é dos outros, (...) e é dessa maneira preenchido com a inveja de adquirir tudo o que os outro possuem. Quando ele possui uma centena, ele quer duas centenas, portanto suas necessidades se multiplicam para sempre até ele querer devorar tudo o que há no mundo inteiro"[xix].

Mais cedo na introdução (Item 25), Ashlag escreve: "Desde que o Pensamento [da Criação — a meta do Criador] foi deliciar Suas criaturas, Ele *tinha* de criar um desejo esmagadoramente exagerado de receber todas as recompensas, o qual está no Pensamento da Criação [dar-nos prazer sem limites]."[xix] E ele continua, "Se o exagerado desejo de receber perecesse no mundo, o Pensamento da Criação não poderia ser realizado — ou seja, a recepção de todos os grandes prazeres que Ele pensou outorgar a Suas criaturas — para o grande desejo de receber e o grande prazer irem de mão em mão. E na mesma extensão que o desejo de receber diminui, também diminui o deleite e o prazer de receber"[xix].

Por isso, se quisermos nos tornar como o Criador, não devemos diminuir nossos desejos. Se nós não diminuirmos nossos desejos, porém, nossa habilidade de eliminar o egocentrismo e nos tornar como o Criador falhará, já que tudo o que temos em nosso armário de remédios são os velhos remédios do fanatismo religioso, da opressão, da tirania ou qualquer outro dos antigos meios de disciplina. Esses métodos foram bons para "domar" o desejo de receber em seus estágios anteriores, mas eles não irão bastar para o nível do desejo de receber de hoje.

Um novo método, um novo código de ação é requerido, alguma coisa que não tente suprimir o insuprimível, mas que aproveite os novos poderes que o extremo egoísmo evoca para melhorar a vida, ao invés de destruir a humanidade e o nosso egoísmo patogênico.

No Estágio Três da evolução dos desejos, nossa inveja criou um mundo interconectado e interdependente onde nós competimos uns contra os outros, ainda dependentes uns dos outros para o sustento. No capítulo anterior, nós citamos Ashlag, que escreveu: "Por causa de cada pessoa no mundo que tira seu sustento de todas as outras pessoas do mundo, ela é coagida a servir e cuidar do bem estar de todo o mundo".

Nós também citamos a afirmação de McGrew: "Este [sistema global único] define uma condição muito mais complexa, em que os padrões de interação humana, a interconectividade e a conscientização estão reconstituindo o mundo como um único espaço social". Essas citações refletem acuradamente nossa situação no inicio do século XXI: estamos amarrados e odiando uns aos outros.

Esse estado de interdependência simultânea e competitividade nos trouxe a uma situação em que não estamos nem dispostos a negociar uns com os outros — como Sahtouris explica que devemos — nem capazes de nos separar uns dos outros, como fez Abraão quando deixou Babel. Ainda, apesar do nosso egocentrismo, nossa interdependência dita que nós de algum modo procuramos uma forma de colaboração. Assim, parece que o único modo de sairmos desse impasse é — como Ashlag colocou — aprender como "Servir e cuidar do bem estar do mundo inteiro"[xix].

Como dissemos antes, a recente ascensão do narcisismo não é uma coincidência, mas o resultado do aparecimento do Estágio Quatro na evolução dos desejos. Na Cabalá, esse estágio é também chamado "a última geração". O termo "última geração" não significa que esta geração verá toda a humanidade extinguir-se. Pelo contrário, na última geração, a humanidade deve começar a *viver verdadeiramente,* descobrindo sua real vocação — tornando-se como o Criador. O termo "última geração" significa que ela é a ultima geração antes do início da correção final, quando toda a humanidade descobre a força motriz da vida — o Criador. *O Livro do Zohar,* como dissemos no capítulo 8, descreve esta geração da seguinte maneira: "No final dos dias, na última geração, quando sua composição [*O Zohar*] aparece abaixo [no nosso mundo], por causa disso vocês irão libertar a nação [libertar do desejo egoísta, corrigi-lo]"[xix].

Descrições dos eventos que se desenrolam na última geração são abundantes, a maioria deles predizendo a condenação da humanidade, oferecendo uma infinidade de explicações sobre por que estamos por nos tornar extintos. Em 1992, a Chick Publications publicou uma charge gospel intitulada "A Última Geração". Eu acredito que o espírito da charge é mais bem refletido nas palavras de uma de suas personagens: "Poderemos mudar para nossas mansões no paraíso em breve"[xix].

Outro site oferece "Dez Sinais do Final dos Tempos". Seu autor afirma: "Eu acredito que nós somos a última geração"[xix]. O título do livro, *A Última Geração: Como a Natureza Vai se Vingar da Mudança Climática,*[xix] do autor científico e jornalista Fred Pearce, fala por si só.

Cabalistas também designam estes tempos como "a última geração". Na verdade, eles se referem ao final do século XX como o final da última geração, e isso implica que, doravante, entre no estado da Era da Correção. Hillel Shklover, discípulo do grande Cabalista do século XVIII, Vilna Gaon (GRA), escreveu no prefácio do seu livro *Kol haTor* (*Voz da Rola*): "Do ano 1241 até o ano 1990 é o período do início da redenção..."[xix]

Também no capítulo 1, nota de rodapé 53, Shklover escreve: "[relativamente] à última geração, o autor [Vilna Gaon] explica a última geração no verso: 'Que você deve contar isso para a última geração' (Psalms, 48:14), referindo-se ao período de 1740 até o ano de 1990"[xix].

Igualmente, em 1945, meu professor, Baruch Ashlag, contou-me que seu pai, Baal HaSulam, comentou que em cinquenta anos, portanto em 1995, a sabedoria da Cabalá seria revelada e as pessoas começariam a estudá-la, porque seria tempo de tornar-se conhecida. Na Cabalá, períodos tais como anos e dias frequentemente descrevem a passagem dos estados de correção, ao invés da passagem do tempo físico. Por isso, quando os estudantes de Ashlag perguntaram se ele se referia a anos físicos ou estados de correção, ele respondeu que se referia a anos físicos.

Certamente, ao contrário da maioria das profecias apocalípticas de hoje, a Cabalá tem previsto um cenário inteiramente diferente. Desde o final da Idade Média, Cabalistas têm previsto que, usando o *Livro do Zohar,* as pessoas irão estudar as leis de doação e assim a humanidade passará do desespero à felicidade. "Agora o tempo dita a aquisição de muitas posses na Torah interna [Cabalá]. O *Livro do Zohar* abre novos caminhos, como um conjunto de pistas, construindo uma autoestrada no deserto, (...) e todas as suas colheitas estarão prontas para abrir as portas para a redenção", escreveu Rav Kook em *Orot* (*Luzes,* 1921)[xix]. "Se meu povo me atender no tempo do Messias, quando o mal [egoísmo] e a heresia [esquecimento do Criador — outorga] aumentam, eles devem investigar no estudo do *Livro do Zohar* e a *Tikkunim* ['Correção', parte do *Zohar*] e os escritos do Ari por todos os seus dias", também escreveu Rav Yitzhak Yehudah Sarfin de Komarno (1804-1976) em *Notzer Hesed* (*Mantendo a Misericórdia*)[xix].

Acima de tudo, porém, foi uma realização muito importante de Ashlag fazer a tradução completa do *Zohar* (do aramaico, a língua original do livro, para o hebraico), um comentário sobre o livro e não menos que quatro introduções, para torná-lo acessível a nossa geração.

A Necessidade de Conhecer o Sistema

Nós já demonstramos como o Estágio Quatro implica num desejo fundamentalmente diferente comparado aos estágios precedentes. Esse estágio encoraja-nos não apenas a desfrutar a vida, mas a nos tornar onniscientes e onipotentes como o Criador. Nós também explicamos por que um novo *modus operandi* é requerido para corrigi-lo. E por "correção" os Cabalistas não querem dizer proibição, opressão ou supressão de qualquer particularidade, atributo ou qualidade de qualquer individuo. Isso seria repressão, que apenas explodiria com duas vezes mais força na primeira oportunidade.

Conforme mencionado anteriormente, no Estágio Quatro a correção deve ser voluntária. Até agora nós temos nos distanciado tanto da Natureza, temos estado tão destacados do senso de integridade da vida, que simplesmente agimos por nós mesmos, pensamos por nós mesmos e desejamos exclusivamente para nós mesmos. E o pior de tudo, nós sequer sabemos que outro caminho é concebível. Nós não temos consciência de que viver dessa forma não pode render uma vida plena. Se não fosse assim, a letra da música de Little Jackie (que nós mencionamos na introdução), "Sim, senhor, o mundo todo deve girar em torno de mim", nunca teria tocado o coração de ninguém e ela nunca faria sucesso.

Em todos os domínios da vida, cada um de nós e, de fato, toda a sociedade global esforçamo-nos para obter o máximo possível, indiferentes às consequências. Em nossas vidas pessoais, muitos de nós sucumbem ao que o Prof. Christopher Lasch se refere como "a cultura do narcisismo"[xix]: nós nos promovemos no Facebook e no MySpace, divorciamo-nos de nossas esposas mais rapidamente do que nunca e cada vez mais procuramos formas originais de nos expressar.

Em resposta, companhias e prestadores de serviços inventam cada vez mais medidas "narcisistas" para atender a nosso egocentrismo, aumentando exponencialmente nossos desejos por singularidade. A Starbucks, por exemplo, oferece aproximadamente 20 mil combinações diferentes de café em seu cardápio. A Capital One tem o "Card Lab", em que você pode customizar seu cartão de crédito, incluindo nele qualquer imagem que queira. E o Facebook é tão orientado ao narcisismo que é construído de forma a tornar a autopromoção uma coisa corriqueira. Laura Buffardi e o Prof. W. Keith Campbell publicaram uma pesquisa na Universidade da Geórgia, explicando que "Os narcisistas estão usando o Facebook da mesma forma que usam seus outros relacionamentos — para autopromoção com ênfase em quantidade ao invés de qualidade"[xix] (adicionando o maior número possível de amigos em suas listas, apesar de essas amizades não serem reais e nem ao menos serem um relacionamento).

Pelo motivo de sermos tão narcisistas e destacados da Natureza, nós sentimos que não estamos subordinados a suas regras e podemos fazer qualquer coisa que quisermos (embora desastres naturais nos anos recentes comecem a mudar esse ponto de vista). Como resultado, a única forma de sabermos como a Natureza funciona é fazendo um esforço consciente, *voluntário,* de estudá-la. O conhecimento de como operar dentro do sistema e lucrar por interesse próprio à frente do interesse do sistema, portanto recebendo suporte e até mesmo o conhecimento do sistema, está oculto por trás de um véu de egocentrismo, e remover esse véu é precisamente o papel da Cabalá.

Cabalistas como Rabash explicam como nós podemos imitar o Criador, imitar o *altruísmo verdadeiro,* e assim nos introduzir em um nível atualmente imperceptível e torná-lo tão tangível quanto a Natureza a nossa frente. Sem vermos ou conhecermos a outra metade da realidade, nós nos mantemos errantes até infligirmos tamanha dor a nós mesmos que, então, seremos forçados a estudá-la.

Para entendermos quão crucial essa informação é para nossas vidas, consideremos o seguinte cenário: você é um homem das cavernas, de pé em frente a uma parede branca, seca e dura como rocha, dentro de uma casa. Na parede, projeta-se o que parece ser um ramo cinza brilhante de rocha sólida, não há tronco nenhum à vista. Enquanto você fica perplexo com essa visão ímpar, uma mulher se aproxima casualmente do ramo, torce-o com a mão como se fosse um galho novo e então ele começa a jorrar água abundantemente! Você provavelmente pensaria: "Ela deve ser uma deusa!"

Se, no entanto, você pudesse falar o idioma da mulher e lhe perguntasse como ela fez aquilo, ela explicaria que aquele ramo é uma coisa chama "torneira", que se conecta a um tubo, que por sua vez é conectado a um tubo maior, que se conecta a todos os outros tubos das casas vizinhas e continua assim por todo o caminho até um rio. No rio, há uma grande máquina que bombeia a água, enviando-a pelos tubos para todas as casas da vizinhança.

Sem entender o sistema todo, nós somos como aquele homem das cavernas, contemplando o mundo visível, tentando descobrir como tudo aquilo funciona. E sem aprender com aqueles que já sabem, os Cabalistas, nós temos tanta chance de descobrir como funciona o sistema quanto aquele homem das cavernas, tentando descobrir como a água viajava por aquelas mangueiras, do rio até as casas.

Todo o exposto acima, contudo, e isso é importante, não significa que nós devemos estudar *toda* a Cabalá ou *O Zohar.* Apenas significa que nós temos de conhecer as leis básicas da vida no nosso mundo de hoje, que é um mundo conectado. Similarmente, nós não precisamos de um PhD em Física para saber que não podemos ficar suspensos no ar, porque há uma força que puxa tudo para o chão e faz com que pular de lugares altos seja extremamente perigoso.

Assim como é bom saber onde nós podemos aprender mais sobre a lei que nos puxa para baixo, porque pode ser útil para fazermos coisas com ela, assim também é bom que saibamos onde aprender mais sobre a parte oculta da realidade, porque, a conhecendo, podemos trazer alguns benefícios para nós. Aprender como operar em um mundo interconectado e interdependente será, portanto, nosso próximo tópico e último capítulo.

[xix] *The Interdependence Handbook: Looking Back, Living the Present, Choosing the Future*, ed. Sondra Myers and Benjamin R. Barber (NY: The International Debate Education Association, 2004), 14

[xix] Gordon Brown speaks to Conference, *Labour* (September 23, 2008): http://www.labour.org.uk/gordon_brown_conference

[xix] (ibid.)

[xix] David W. Johnson and Roger T. Johnson, "An Educational Psychology Success Story: Social Interdependence Theory and Cooperative Learning," *Educational Researcher* 38 (2009): 365, doi: 10.3102/0013189X09339057

[xix] Johnson and Johnson, "Educational Psychology Success Story," 366

[xix] (ibid.)

[xix] Johnson and Johnson, "Educational Psychology Success Story," 368

[xix] (ibid.)

[xix] (ibid.)

[xix] Johnson and Johnson, "Educational Psychology Success Story," 371

[xix] (ibid.)

[xix] Ashlag, "Peace in the World," in *Kabbalah for the Student*, 89

[xix] Sam Roberts, "To Be Married Means to Be Outnumbered, *The New York Times* (October 15, 2006): http://www.nytimes.com/2006/10/15/us/15census.html?_r=1&scp=2&sq=more%20unmarried%20couples%20than%20married%20couples&st=cse

[xix] Yehuda Ashlag, *Kitvey Baal HaSulam* (*The Writings of Baal HaSulam*), "The Writings of the Last Generation," Part 1 (Israel: Ashlag Research Institute, 2009), 815

[xix] (ibid.)

[xix] Yehuda Ashlag, "What Is Habit Becomes a Second Nature in the Work," in *Shamati* (*I Heard*), trans. Chaim Ratz (Canada: Laitman Kabbalah Publishers, 2009), 38

[xix] Ashlag, "Peace in the World," in *Kabbalah for the Student*, 89

[xix] Yehuda Ashlag, *The Writings of Baal HaSulam* "The Nation," (Israel: Ashlag Research Institute, 2009), 494

[xix] Ashlag, "Introduction to the Book, Panim Meirot uMasbirot" (Illuminating and Enlightening Face) in *Kabbalah for the Student*, 463

[xix] Yehuda Ashlag, *Kitvey Baal HaSulam* (*The Writings of Baal HaSulam*), 44

[xix] Werner Heisenberg, quoted by Ruth Nanda Anshen in *Biography of an Idea*, 224

[xix] Christopher Lasch, *The Culture of Narcissism: American Life in an Age of Diminishing Expectations* (USA: Norton & Company, May 17, 1991)

[xix] Jean M. Twenge and W. Keith Campbell, *The Narcissism Epidemic: Living in the Age of Entitlement* (New York: Free Press, A Division of Simon & Schuster, Inc. 2009)

[xix] Joseph Valadez and Remi Clignet, "On the Ambiguities of a Sociological Analysis of the Culture of Narcissism" *Sociological Quarterly*, vol. 28, 4 (Dec. 1987): 455–472

[xix] The Associated Press, "Isolationism soars among Americans" (March 12, 2009): http://www.msnbc.msn.com/id/34255911/ns/world_news/

[xix] "Poll: 44% Americans see China as top economic power," *People's Daily* (December 04, 2009), http://english.peopledaily.com.cn/90001/90776/90883/6831907.html

[xix] "A rising tide of hunger," *Los Angeles Times* (November 26, 2009): http://articles.latimes.com/2009/nov/26/opinion/la-ed-hunger26-2009nov26

[xix] Jason DeParle, "Hunger in U.S. at a 14-Year High," *The New York Times* (November 16, 2009), http://www.nytimes.com/2009/11/17/us/17hunger.html

[xix] Andrew Martin, "As Recession Deepens, So Does Milk Surplus, *The New York Times* (January 1, 2009), http://www.nytimes.com/2009/01/02/business/02dairy.html

[xix] Rav Avraham Kook (The Raaiah), *Igrot* (*Letters*), Vol. 2, 226

[xix] Ashlag, "Introduction to the Book, Panim Meirot uMasbirot" (Illuminating and Enlightening Face) in *Kabbalah for the Student*, 438

[xix] Johnson and Johnson, "Educational Psychology Success Story," 372

[xix] (ibid.)

[xix] (ibid.)

[xix] Johnson and Johnson, "Educational Psychology Success Story," 373

[xix] Johnson and Johnson, "Educational Psychology Success Story," 374

[xix] Jean M. Twenge, *Generation Me: Why Today's Young Americans Are More Confident, Assertive, Entitled--and More Miserable Than Ever Before* (USA: Free Press, March 6, 2007)

[xix] U.S. Department of Education, "Media Guide—Helping Your Child Through Early Adolescence," http://www2.ed.gov/parents/academic/help/adolescence/index.html

[xix] University of Michigan Health System, "Television and Children," http://www.med.umich.edu/yourchild/topics/tv.htm

[xix] (ibid.)

[xix] Barbara M. Newman and Philip R. Newman, *Development Through Life: A Psychosocial Approach* (Belmont, CA: Wadsworth Cengage Learning ,2008), 250

[xix] "Major Depression in Children and Adolescents," http://www.mentalhealthcanada.com/ConditionsandDisordersDetail.asp?lang=e&category=68

[xix] Ashlag, "The Peace," in *Kabbalah for the Student*, 273

Capítulo 11: Um Novo *Modus Operandi*

Até aqui, olhamos de maneira abrangente a história e a estrutura do mundo, como explicadas pela Cabalá. Descrevemos como a Cabalá enxerga a realidade como uma entidade única, na qual os seres humanos representam o nível mais elevado de existência, uma vez que possuem o mais intenso e mais narcisista desejo de receber. É necessário, agora, comentar o que a humanidade pode fazer para mudar essa tendência negativa, tendo em vista que estamos, de forma irreversível, interdependentes e interconectados. E, muito embora esteja fora do escopo deste livro delinear uma estratégia de "fuga" para as crises presente e futura da humanidade, gostaríamos de indicar algumas soluções que poderiam ser adotadas em grande escala e, assim, resolver a maior parte de nossos problemas, caso sejam corretamente implementadas.

Muito embora a humanidade tenha pouca experiência em agir como um sistema global, já que estamos acostumados a nos definir como indivíduos ou membros de segmentos da sociedade, da família ao estado-nação, a situação atual requer que nossa visão se alargue. A maioria dos líderes políticos e financeiros do mundo já reconhece essa necessidade.

Kofi Annan, ex-Secretário Geral das Nações Unidas, por exemplo, comentou essa questão em uma mensagem no Primeiro Dia Anual de Independência, em 21 de setembro de 2004: "Estamos vivendo uma nova era. No futuro (...) o mundo será transformado (...) pelas forças da globalização e pela crescente interdependência entre os povos do mundo (...) à medida que cresce nossa interdependência, teremos de passar a tomar decisões não mais com base em um único país, mas considerando outros vários, agindo em conjunto. A menos que seja bem administrado, esse processo acarretará um "déficit democrático", uma vez que os tomadores de decisão estarão mais distantes e serão menos cobrados a responder às pessoas cujas vidas são atingidas. O desafio para todos nós, portanto, é administrar nossa interdependência de forma includente, angariando apoio das pessoas, e não as distanciando. Os cidadãos necessitam pensar e agir globalmente, para influenciar decisões globais." [162]

Mais recentemente, em setembro de 2008, o Primeiro Ministro britânico, Gordon Brown, comentou o tema da globalização e da responsabilidade global em várias declarações. "Cada geração crê que está vivendo mudanças que seus pais não poderiam ter imaginado —, mas o colapso dos bancos, a crise de crédito, as oscilações do preço do petróleo, a velocidade da tecnologia e a ascensão da Ásia — ninguém agora pode duvidar de que estamos vivendo em um mundo diferente, em uma era global." [163]

Mais tarde, Brown refletiu sobre a história da globalização: "E nós sabemos que os desafios que enfrentamos nessa nova era global não começaram na semana passada ou nos últimos meses, mas, na realidade, refletem mudanças mais profundas no mundo". [164]

Brown está certo ao dizer que uma mudança mais profunda está em curso. Quando o Estágio Quatro se estabelece, ele induz ao coletivismo e à globalidade – note-se que *globalidade* é a condição em que o processo de globalização está completo, ao contrário de *globalismo*, que se compara com imperialismo e nacionalismo. O último estágio no desenvolvimento humano — tornar-se como o Criador — não pode ser alcançado em isolamento. É necessário que todos os fragmentos da alma de Adão se unam e, a partir de tal união, construir a qualidade da doação, que é o Criador. Todos nós somos partes do desejo que foi criado no Estágio Quatro, o desejo com a intenção de alcançar o propósito da criação — ser como o Criador. Devemos, portanto, reconectar o desejo despedaçado, a alma em pedaços, em um trabalho conjunto. Para isso, devemos nos unir, nos tornarmos conscientes da nossa unidade e começarmos a vivenciar a verdade de nossa interconexao de forma muito real, no lugar da nossa atual percepcao, que é limitada.

Colaboração e Autorrealização

Com o objetivo de vivenciar a interconexão, devemos agir sobre ela, e não apenas em nível global ou nacional. A consciência de nossa interdependência deve ser uma constante em nossos processos de tomada de decisão e parte inseparável de nossas ações. Devemos aprender a pensar como uma unidade integrada por vários indivíduos colaboradores, e não por indivíduos isolados que interagem de forma desintegrada. Para tanto, devemos começar a reconhecer os benefícios da colaboração.

Inúmeros experimentos acerca dos benefícios da colaboração no sistema educacional já foram realizados. Em um ensaio intitulado "Uma História de Êxito da Psicologia Educacional: Teoria da Interdependência Social e do Aprendizado Cooperativo", os professores da Universidade de Minnesota, David W. Johnson e Roger T. Johnson, apresentaram um caso contundente a respeito da teoria da "interdependência social". Em suas palavras, "Mais de 1200 estudos de pesquisa foram realizados nas últimas décadas sobre esforços cooperativos, competitivos e individualistas. Os resultados desses estudos validaram, modificaram, refinaram e ampliaram a teoria."[165]

Johnson e Johnson explicam que "A interdependência social existe quando os resultados dos indivíduos são afetados por suas ações ou pelas ações de outros."[166] Isso é o contrário de dependência, em que a parte A depende da parte B, mas a parte B pode não depender da parte A. "Existem dois tipos de interdependência social", dizem eles, "positiva – quando as ações dos indivíduos promovem os objetivos comuns — e negativa – quando as ações dos indivíduos obstruem a realização dos objetivos de cada um."[167]

Se refletirmos sobre o experimento de Christakis-Fowler mencionado no capítulo anterior, e considerarmos a afirmação dos Cabalistas de que somos todos fragmentos de uma única entidade, torna-se claro que, atualmente, agir de maneira individualista não é apenas imprudente, mas também uma bomba-relógio. Essa atitude não reconhece a realidade de total globalização entre todos os membros da raça humana. E, quando ignoramos esse fato, a realidade nos corrige de forma dura, como a crise financeira de 2008 demonstrou claramente.

Depois de estabelecer o significado da interdependência, Johnson e Johnson compararam a eficácia da aprendizagem cooperativa para o indivíduo com a aprendizagem comum individual, competitiva. Os resultados foram inequívocos. Em termos de responsabilidade individual e pessoal, eles concluíram que "A interdependência positiva que une membros de um grupo gera sentimentos de responsabilidade por (a) completar sua parte do trabalho e (b) facilitar o trabalho dos outros membros do grupo. Além disso, quando o desempenho de uma pessoa afeta os resultados dos trabalhos dos colaboradores, a pessoa se sente responsável pelo bem-estar dos colaboradores e também pelo seu próprio bem-estar. Falhar com os outros é ruim, mas falhar com os outros e consigo mesmo é ainda pior."[168] Em outras palavras, a interdependência positiva transforma pessoas individualistas em seres colaborativos e generosos, o resultado oposto da tendência de crescente individualismo que chega ao ponto do narcisismo.

Johnson e Johnson definem interdependência positiva como "uma correlação positiva entre objetivos individuais; os indivíduos percebem que podem atingir seus objetivos se, e apenas se, os outros indivíduos com os quais está ligado de forma colaborativa puderem atingir seus objetivos também."[169] E definem interdependência negativa como "uma correlação negativa entre as realizações dos indivíduos; os indivíduos percebem que podem atingir seus objetivos se, e apenas se, os demais indivíduos com quem estão ligados de forma competitiva não conseguirem atingir seus objetivos."[170] Globalização implica interdependência positiva. Em outras palavras, ou todos atingimos nossos objetivos ou nenhum de nós.

Com o propósito de demonstrar os benefícios da colaboração, os pesquisadores mediram as realizações dos estudantes que colaboram entre si comparadas com as dos estudantes que competem entre si. "A média das pessoas cooperativas alcançou dois terços do desvio padrão acima da média das pessoas que atuam dentro de um ambiente competitivo e individualista."[171]

Para entender o significado de tal desvio acima da média, considere, por exemplo, que, se uma criança é média D-, cooperando, a nota dela vai saltar para uma surpreendente média A+. Além disso, eles escrevem: "A cooperação, quando comparada com os esforços competitivos e individualistas, tendem a promover maior memória a longo prazo, maior motivação intrínseca e expectativa de sucesso, mais pensamentos criativos e atitudes mais positivas diante de desafios e na escola."[172]

Também dissemos que, exatamente como as crianças se tornam adultos imitando os adultos, nós nos tornamos semelhantes ao Criador imitando o Criador. Sem perceber, a partir da colaboração, esses alunos estavam imitando a lei de doação, já que o interesse próprio cedeu lugar ao interesse do ambiente, dos grupos. E em vez de atingirem em linha a capacidade média do grupo, os estudantes tornaram-se alunos nota A+.

O resultado que eles alcançaram, no entanto, empalidece em comparação com os benefícios que esses estudantes poderiam alcançar *se agissem com o objetivo de imitar a lei de doação*. Nesse caso, eles descobririam essa lei e alcançariam o propósito da Criação. Ou seja, eles se tornariam semelhantes ao Criador.

As crianças imitam o modelo padrão que elas querem se tornar, seja ele um *pop star*, um atleta famoso ou qualquer pessoa que elas admirem. Dessa mesma maneira, nós temos de desejar ser como o Criador para nos tornarmos como Ele. Isso não acontece "por engano". Por mais benéfico e colaborativo que tenha sido o comportamento das crianças no experimento, para alcançar um efeito duradouro elas devem agir com o objetivo de descobrir a lei de colocar o interesse próprio abaixo do interesse do sistema e aspirar a viver assim, tornar-se assim. Caso contrário, seus egos as controlarão da mesma forma que outras pessoas são dominadas pelos seus egos e elas perderão os grandes benefícios que a interdependência social oferece.

Um Entre Dois Caminhos

A seção acima descreveu os benefícios pessoais da colaboração. Johnson e Johnson provaram que é mais gratificante trabalhar em grupo do que sozinho. Então, por que nós não agimos cooperativamente todo o tempo? Se nós somos feitos de desejo de receber e podemos receber mais a partir da colaboração, por que, então, não estamos agindo de maneira colaborativa? O que há em nossa natureza que, a despeito dos 1200 estudos que provam ser melhor trabalhar em conjunto do que sozinho, nós ainda não implantamos esse método em nosso sistema educacional? E por que as escolas (e todo o sistema educativo), a mídia, os esportes, a política ainda promovem um comportamento competitivo e individualista, exaltando os indivíduos bem sucedidos? Por que não exaltar as pessoas que promovem união e reciprocidade, se a evidência prova que isso iria beneficiar a todos?

A razão pela qual isso acontece é porque no Estágio Quatro já não ficamos tão satisfeitos apenas em acumular muito. Acumular muito era o que queríamos no Estágio Três. No Estágio Quatro, nosso desejo primário é conseguir *mais do que os outros*. Queremos ser únicos e superiores, como o Criador. Assim, poderemos fornecer provas incontestáveis de que é melhor trabalhar juntos que sozinho, mas sem a *sensação* de que isso é dessa forma, nossos egos não vão sucumbir à ideia. No Estágio Quatro, as soluções devem, em primeiro lugar, saciar o ego antes de implantarmos táticas de vida diária para melhorar nossas conquistas.

Em relação ao parágrafo acima, em "Paz no Mundo", Baal HaSulam desenvolve uma ideia sobre o nosso sentido de unicidade: "A natureza de cada pessoa deve explorar as vidas de todas as outras pessoas do mundo em benefício próprio. E tudo o que ela dá ao outro é apenas em caso de necessidade; e mesmo assim há exploração dos outros nessa ação, mas isso acontece de maneira ardilosa, para que seu vizinho não perceba e ceda voluntariamente." A razão para isso ele explica: como "a alma do homem descende do Criador, que é Uno e Único [referindo-se à lei única de doação que cria e sustenta o mundo], (...) o homem (...) sente que todas as pessoas do mundo devem estar sob seu domínio e para seu uso privado. E essa é uma lei inquebrável. A única diferença está nas escolhas das pessoas: uma pessoa escolhe explorar as outras para satisfazer desejos inferior e outra pessoa escolhe obter poder, enquanto uma terceira escolhe obter respeito. Além disso, se uma pessoa pudesse fazê-lo sem muito esforço, ela escolheria explorar o mundo com todos os três combinados — a riqueza, o poder e o respeito. Ela, no entanto, é forçada a escolher de acordo com suas possibilidades e capacidades. Esse direito pode ser chamado 'a lei da singularidade no coração do homem'. Ninguém escapa dela, e cada um leva sua parte nessa lei."[173]

Em 15 de Outubro de 2006, Sam Roberts, do *The New York Times*, publicou um artigo intitulado "Estar Casado Significa Estar em Desvantagem",[174] em que ele se refere ao censo que nós discutimos na Introdução. O texto revela que "pares casados, cujo número declinou por décadas em proporção às famílias americanas, caíram finalmente para a minoria. (...) O *American Community Survey*, divulgado (...) pela Agência do Censo, (...) revelou que 49,7% [das] famílias em 2005 eram formadas por pares casados (...) caindo em mais de 52% cinco anos antes." Além disso, revela Roberts, "O número de pares não casados está crescendo. Desde 2000, o número daqueles que se declaram como casais de sexos opostos não casados subiu em torno de 14%; casais masculinos em torno de 24%; e casais femininos, 12%."

Baal HaSulam escreveu extensivamente sobre o tipo de vida que ele vislumbrava para as pessoas durante o período de correção, a qual começou no final do século XX, como notamos no capítulo anterior. Em seu "Ensaios Sobre a Última Geração", Baal HaSulam descreveu duas formas pelas quais a humanidade pode revelar a lei da doação (à qual ele se refere como "completude" neste texto) – o caminho da luz (doação) e o caminho do sofrimento. Em suas palavras, "Eu já disse que existem duas maneiras de descobrir a completude: o caminho da luz e o caminho do sofrimento. Então, o Criador (...) deu à humanidade a tecnologia [que ele não diz se é boa ou má em si mesma], até que inventaram as bombas atômica e de hidrogênio. Se a ruína total que elas estão destinadas a trazer ainda não for evidente ao mundo, elas [as pessoas] podem esperar pela terceira guerra mundial ou pela quarta e assim por diante. As bombas cumprirão seu papel e os sobreviventes, após a ruína, não terão outra escolha além de assumir esse trabalho, os indivíduos e as nações não trabalharão para si mesmos mais do que o necessário para seu sustento, mas farão, sim, de tudo para o benefício dos outros [de acordo com a lei de abdicar do interesse próprio em prol do interesse do sistema]. Se todas as nações do mundo concordarem com isso, não haverá mais guerras no mundo, ninguém vai mais se preocupar com seu próprio bem-estar, mas apenas com o bem-estar dos outros."[175]

Ashlag conclui essa seção com as seguintes palavras: "Se você segue o caminho da luz, tudo estará bem e, se não, você trilhará o caminho do sofrimento. Em outras palavras, o mundo será arrasado pelas bombas, atômica e de hidrogênio, e procurará por um salvador para escapar da guerra. Então eles virão até o Messias [a força que os retira do egoísmo, como explicado no Capítulo 8] (...) e ele lhes ensinará sobre essa lei [da doação].[176]

Em resumo, nós *temos* de nos tornar semelhantes ao Criador! A única questão é "Como nós pretendemos alcançar isso?"

Tomando a Lei da Natureza como Guia

Supondo que uma guerra mundial, muito menos que uma guerra atômica, é quase uma opção desejável a ser considerada, é muito melhor explorar a outra possibilidade — o caminho da luz. No Capítulo 2, dissemos que o termo "luz" refere-se a uma ampla sensação de prazer que o desejo de receber (que é nossa essência) experimenta quando está repleto de prazer. Agora podemos acrescentar que o prazer é sentido quando nós atingimos a qualidade do Criador, porque isso é o que queremos na nossa atual fase do desejo.

Para obter a luz, nós não precisamos em absoluto estudar Cabalá. Nós precisamos *imitar* a lei de doação, sabendo o que é isso que estamos imitando e o que nós queremos alcançar quando assim agimos. Exatamente como as crianças aprendem ao imitar os adultos, para adquirir a qualidade de doação nós precisamos imitá-la em nossos relacionamentos.

O livro *Shamati (Eu Escutei)* contém palestras que Yehuda Ashlag realizou em várias ocasiões, que foram copiadas por seu filho e grande Cabalista, Rabash, em seu próprio estilo. No discurso nº 7, intitulado "O Hábito Torna-se uma Segunda Natureza," Baal HaSulam declara: "Ao se acostumar a alguma coisa, essa coisa se torna uma segunda natureza para a pessoa. (...) Isso significa que, embora não se tenha nenhuma sensação do fenômeno [referindo-se à lei da doação], ao se acostumar a ele, pode-se ainda experimentá-lo."[177]

Imitar a qualidade de doação com o objetivo de obtê-la pode parecer simplista ou ingênuo, mas, em nosso atual nível de egocentrismo, rapidamente está se tornando impossível relacionar-se positivamente com qualquer pessoa, exceto, como acima citamos Ashlag, "em caso de necessidade; e mesmo assim há exploração dos outros nessa ação, mas isso acontece de maneira ardilosa, para que seu vizinho não perceba e ceda voluntariamente."[178]

A solução, de acordo com Baal HaSulam em *A Nação*, o livro que ele publicou em 1940 (ver Capítulo 2, "Estágios Zero e Um"), é "Frequentar a escola uma vez mais".[179] Em outras palavras, nós precisamos aprender sobre as leis básicas da Natureza e sobre o objetivo da vida:

1. na base de toda a realidade encontra-se um desejo de doação, também conhecido como "o Criador".

2. No fundo do coração do homem encontra-se um desejo de receber aquilo que o desejo de doar deseja transmitir – total poder, total consciência e total controle.

3. Para receber as dádivas descritas no item anterior, deve-se tornar-se semelhante ao desejo de doação – o Criador – e assim automaticamente ter o que o Criador tem. Esse é o objetivo da vida.

Ao tomarmos consciência de que a recompensa que advém da conduta cooperativa é maior do que a recompensa que advém da conduta individualista, será fácil colaborarmos e compartilharmos, como descrito no ensaio de Johnson e Johnson. Sem essa compreensão, nossos egos tornarão isso cada vez mais difícil e eventualmente impedirão qualquer possibilidade, a despeito de seus óbvios benefícios.

Em uma representação bastante pitoresca do controle do ego sobre nós, Baal HaSulam escreveu que o egoísmo é a inclinação do mal, e que ele se aproxima de nós empunhando uma espada com a ponta envenenada. Ele descreve como a pessoa fica encantada pela espada e se torna um escravo do seu próprio ego, embora sabendo que "(...) no final, a gota amarga da ponta da espada a fere e assim completa a separação [do Criador] em sua centelha de suspiro de vida."[180]

O parágrafo anterior pode induzir à conclusão de que Baal HaSulam acredita que tudo está perdido e que estamos condenados a sofrer. Não é esse o caso, porém. Nós temos meios altamente eficazes que podemos usar em nosso favor: a sociedade. Nós já comentamos brevemente sobre a influência da sociedade, mas, na verdade, a sociedade tem tamanho poder sobre nós que pode moldar-nos em qualquer coisa que ela queira.

Em *Os escritos de Baal HaSulam*, Ashlag afirma: "O maior de todos os prazeres imagináveis é ser favorecido pelas pessoas. Vale a pena empregar toda nossa energia e nossos prazeres corpóreos para obter uma pequena quantidade dessa coisa maravilhosa. Esse é o ímã para o qual os maiores em todas as gerações têm sido atraídos e pelo qual eles banalizam a vida da carne."[181]

Para modificar nosso comportamento, portanto, precisamos mudar de um ambiente social que promove a individualidade para um que promove a reciprocidade. Falando praticamente, podemos usar a mídia para mostrar como grupos de trabalho produzem resultados melhores do que o trabalho individual, como a concorrência é prejudicial para a carreira, para a saúde e até mesmo, em última análise, para riqueza pessoal. Se pensarmos que é impossível, é porque a mídia está regularmente nos dizendo que é impossível. E se ela nos dissesse o contrário? Precisamos agir de acordo com o estado corrigido e o estado corrigido irá se manifestar.

A natureza humana é egoísta, então naturalmente tendemos ao isolamento e à competição. A essência da Natureza, no entanto, é holística, naturalmente inclinada à cooperação. Agindo de acordo com o restante da Natureza, a despeito de nossa tendência inata para não agir assim, é nossa livre escolha e é isso que nos tornará similares à Natureza (ao Criador). Usar o ambiente social para nos encorajar a seguir essa direção é a chave que nós não podemos nos permitir perder.

Aplicando a Mudança de Vida

Nós não precisamos procurar muito para encontrar maneiras de implementar os princípios da doação à vida. Quando Christakis e Fowler fizeram suas descobertas surpreendentes a respeito do impacto do relacionamento humano, eles trabalharam sobre dados que foram coletados para fins muito diferentes: o Estudo do Coração de Framingham, um projeto que buscava entender as raízes do distúrbio cardíaco. A razão para explicar por que o Estudo do Coração de Framingham não descobriu as implicações do relacionamento humano – que nos "infecta" mutuamente psicologicamente quase tanto quanto fisicamente – é muito simples: eles não estavam procurando por tais implicações.

Da mesma maneira, há muitas formas de observar os efeitos da lei de doação, basta apenas olharmos para eles quando analisamos os dados existentes. A Teoria Social de Interdependência, apresentada aqui por Johnson e Johnson, é uma forma de observar seu efeito em sistemas, mas há muitas outras maneiras de observá-lo. Em minhas discussões com o Professor Ervin Laszlo, filósofo de ciência e teórico de sistema, nós estávamos completamente de acordo, porque todo teórico de sistema sabe que nenhum sistema pode persistir sem que suas partes cedam aos interesses do sistema.

Acordo semelhante transpareceu em minhas conversas com Elisabet Sahtouris, bióloga evolucionária, Jane Goodall, primatologista, e com muitos outros estudiosos. Na verdade, qualquer médico, cientista do relacionamento ou biólogo sabe que, para se manter um sistema em equilíbrio ou em "homeostase", os interesses do sistema devem sobrepor-se aos interesses de suas partes. Cada campo da ciência refere-se a esse princípio com um nome diferente e a Cabalá o chama "lei da doação". Essencialmente, no entanto, são apenas nomes diferentes apontando para diferentes manifestações da mesma lei.

No início do livro, descrevemos as visões do pioneiro físico quântico Werner Heisenberg — "Unidade e complementaridade constituem a realidade"[182] —, bem como citações semelhantes de seu contemporâneo Erwin Schrödinger e de Albert Einstein. Outras ciências contemporâneas, tais como a ciência do relacionamento e, é claro, a teoria do caos com seu (agora) clichê, o efeito borboleta, tomam a conectividade e a interdependência como um dado.

Do lado negativo, os efeitos ao não se seguir a lei de outorga são evidentes. A alienação crescente na sociedade e o aumento do isolacionismo em nível internacional, como demonstrado por publicações como a de Christopher Lasch, *A Cultura do Narcisismo*[183], a de Twenge e Campbell, *O Narcisismo Epidêmico*[184], e o ensaio de Joseph Valadez e Remi Clignet, "Sobre as Ambiguidades de uma Análise Sociológica da Cultura do Narcisismo"[185], demonstram claramente a nossa pobre saúde social.

Na verdade, os efeitos adversos do narcisismo estão começando a aparecer em nível internacional a despeito das repetidas declarações apoiando a união, como as citadas neste capítulo. Em 3 de Dezembro de 2009, uma reportagem do *Associated Press* declarou: "Sobe o isolacionismo entre os americanos"[186].

Um estudo do *Pew Research Center* constatou que "os americanos estão se desligando do mundo, mostrando uma tendência em direção ao isolacionismo em relações exteriores que subiram para um nível altíssimo em quatro décadas."[187] O estudo também sugere que "49% dos entrevistados responderam que os Estados Unidos devem 'se preocupar com seus próprios problemas' internacionalmente e deixar os outros países seguirem em frente pelo melhor caminho que puderem por sua própria conta e risco."

Outro aspecto da alienação ainda mais perturbador é a fome. No início do livro, apresentamos as alarmantes estatísticas que mostram que mais de um bilhão de pessoas em todo o mundo passam fome. Talvez ainda mais surpreendente seja o fato de que, *dentro dos Estados Unidos*, "O número de famílias caracterizadas como tendo 'segurança alimentar muito baixa' – ingestão de alimento reduzida devido à falta de dinheiro – pulou de 4.7 milhões em 2007 para 6.7 milhões em 2008 e o número de crianças nessa situação cresceu de 700.000 para quase 1.1 milhão", de acordo com um editorial do jornal *Los Angeles Times*, intitulado "Uma crescente onda de fome".[188]

Apenas dez dias antes, Jason DeParle, do jornal *The New York Times*, publicou um ensaio intitulado "A Fome nos Estados Unidos Há 14 Anos em Alta", declarando: "O número de americanos que vivia em famílias sem acesso consistente a uma alimentação adequada subiu no ano passado para 49 milhões, o maior patamar desde que o governo começou a acompanhar aquilo que é chamado de 'insegurança alimentar' (...), segundo informação do Departamento de Agricultura."[189]

O problema, porém, não é a carência de alimento, mas, sim, a carência de responsabilidade mútua e uma compreensão básica de que nós sobreviveremos juntos ou pereceremos juntos, porque essa é a lei da vida. Não há escassez de alimento nos Estados Unidos, mas há certamente escassez de colaboração. Em 1º de Janeiro de 2009, Andrew Martin, do jornal *The New York Times*, reportou que "um excesso de leite – e seus mais variados derivados, tais como leite em pó, manteiga e proteínas do soro – levou a uma queda vertiginosa dos preços."[190] Martin explicou que os derivados do leite foram estocados em armazéns e deliberadamente mantidos fora dos mercados para prevenir uma nova queda nos preços. Será que é tão difícil encontrar um acordo satisfatório para garantir a estabilidade financeira dos fazendeiros ao invés de privar milhões de americano de um produto básico como o leite? Obviamente, se seguíssemos a lei da doação, mesmo se apenas dentro dos Estados Unidos, tais absurdos não aconteceriam.

Assim, ambos os exemplos de seguir a lei da doação (e seu traje mundano de colocar o interesse próprio abaixo do interesse do sistema) ou de quebra dessa lei são abundantes em nosso mundo. Tudo de que precisamos para realizar sua inclusão é a tomar consciência de sua existência. E, para isso, é preciso começar com a educação.

Formando Crianças na Direção da Responsabilidade Mútua

O grande cabalista, Rav Avraham Kook (1865-1935, mais conhecido como o primeiro Rabino Chefe de Israel), escreveu em várias ocasiões que, no século XX, todos nós devemos estudar Cabalá. Em alguns casos, no entanto, disse explicitamente que nós devemos cultivar novas maneiras de fazê-lo. Em uma carta, publicada no livro *Cartas*, ele escreveu: "Quero despertar todos os jovens que desejam ser encorajados em direção à vida espiritual. Nós devemos adquirir habilidades literárias, um estilo animado e colorido, e prosa, e alegorias. Se há alguém dentre nós que se sinta inclinado em direção à poesia, não permitam que ele negligencie seu dom (...). Temos de preparar nossa arma mais precisa — a caneta. Temos de traduzir todo o nosso tesouro sagrado em um estilo contemporâneo, (...) para aproximá-lo de nossos contemporâneos."[191]

Similarmente, na "Introdução ao livro *Panim Me'irot uMasbirot*", Baal HaSulam, escreveu: "devemos promover seminários e escrever livros para acelerar a propagação da Sabedoria."[192]

Ao tornar os textos cabalísticos acessíveis, Ashlag e Kook desejavam tornar a Sabedoria popular para que as pessoas conhecessem as leis básicas da vida e aprendessem como se conduzir frente ao egoísmo crescente. Se seus conselhos tivessem sido atendidos, a Cabalá teria se tornado popular há cem anos e as pessoas saberiam sobre as leis de doação antes que as atrocidades da Segunda Guerra Mundial tivessem acontecido.

Existe, no entanto, uma regra na Cabalá: nunca olhe para trás com remorso – apenas retire o que puder do passado para preparar o futuro. Certamente não é tão tarde para começar a informar as pessoas a respeito das ocultas leis da Natureza, que afetam nossas vidas de forma absolutamente real. Tal como estudam as leis básicas da física e da biologia na escola, os jovens atualmente deveriam aprender as leis básicas da Natureza.

Na escola, os princípios da Teoria da Interdependência Social podem ser um começo maravilhoso, se combinados com a compreensão acerca do objetivo final da vida. Se as crianças aplicarem essas leis em sua escolaridade, se beneficiarão em muitos aspectos para além da mera educação. Na pesquisa mencionada anteriormente, Johnson e Johnson chegaram a várias conclusões abrangentes:

- "Experiências cooperativas pressupõem predisposições cooperativas, ausência de predisposições individualistas e engajamento no comportamento pró-social. Predisposições cooperativas pressupõem o envolvimento no comportamento pró-social e ausência de engajamento em agressões premeditadas."[193]

- "Se as escolas querem evitar o assédio moral e aumentar os comportamentos pró-sociais, o uso da aprendizagem cooperativa e os esforços para ajudar os alunos a se tornarem mais predispostos a estabelecer uma cooperação parecem ser estratégias importantes."[194]

- "Trabalhar cooperativamente com seus pares e valorizar a cooperação resultam em maior saúde psicológica do que competindo com seus pares ou trabalhando de forma independente. Atitudes cooperativas foram altamente correlacionadas com uma grande variedade de índices de saúde psicológica. Mais especificamente, a cooperação está positivamente relacionada a maturidade emocional, relações sociais bem ajustadas, identidade pessoal forte, capacidade de lidar com a adversidade, competências sociais, confiança básica e otimismo sobre as pessoas, autoconfiança, independência e autonomia, maior autoestima e maior perspectiva de desenvolver habilidades." Por outro lado, "atitudes individualistas foram negativamente relacionadas a uma grande variedade de índices de distúrbios psicológicos, especialmente a uma grande variedade de patologias, basicamente complexo de inferioridade e egocentrismo."[195]

- "Os teóricos da interdependência social observam que tanto a interdependência positiva quanto a negativa criam conflitos entre indivíduos." No entanto, "em situações cooperativas, os conflitos ocorrem sobre como melhor atingir as metas comuns. Em situações de concorrência, os conflitos ocorrem sobre quem vai ganhar e quem vai perder."[196]

Em suas conclusões, eles também incluem sugestões relativas à estrutura do que chamam "Escola Cooperativa". Apesar de a discussão desse tema estar além do escopo deste livro, é importante observar como parece ser ampla a eficácia da aprendizagem cooperativa: "aproximadamente 65% da pesquisa (...) realizada em aprendizagem cooperativa representam estudos de campo que demonstram a sua eficácia em uma ampla gama de classes, áreas temáticas, níveis de grau e estudantes. A utilização de processos de aprendizagem cooperativa por tantos professores diferentes, em diferentes áreas temáticas e configurações, na pré-escola e na educação de adultos, com tantas variadas tarefas e estudantes e em muitos países e culturas diferentes, comprovam a teoria e a clareza das definições conceituais."[197]

Por mais eficazes que possam ser esses métodos de ensino, eles, no entanto, também podem não ser bem sucedidos, nem mesmo serem aceitos se não ensinarmos às crianças a lei da doação e que o propósito da vida é para, em última instância, assemelhar-se a essa lei, com todos os benefícios incluídos nessa semelhança. Sem fornecer essas informações, o homem crescerá perpetuamente egoísta, eventualmente acabará por subjugar qualquer tentativa de colaboração e irá cada vez mais isolar as pessoas, como ele vem fazendo há várias décadas.

Como Ashlag descreveu, vamos colocar a espada em nossas línguas para provar o doce néctar do narcisismo e morrer. Na verdade, o título do livro de Jean M. Twenge, *Geração Eu: Por Que Jovens Americanos De Hoje Estão Mais Confiantes, Assertivos, Titulados — E Mais Miseráveis Do Que Nunca,*[198] por si só exprime claramente a armadilha do ego (ou a viagem do ego) do nosso tempo.

Além do ambiente escolar colaborativo e dos esforços em informar a juventude acerca do propósito da vida para motivá-la para a mudança, os princípios ensinados na escola devem ser aplicados em casa. Caso contrário, o confronto entre os valores ensinados na escola e os ensinados em casa irá sentenciar todos os esforços ao fracasso.

Cultivando um Ambiente Cooperativo

No capítulo anterior, nós mencionamos o ensaio de Ashlag, "A liberdade", em que ele afirmou que os pensamentos são um reflexo do meio ambiente. É por isso que os ambientes domésticos dos jovens devem coincidir com os valores de cooperação que as escolas deveriam promover. Uma publicação do Departamento Americano de Educação, intitulada "Guia de Mídia — Ajudando seu Filho a Atravessar a Pré-adolescência", afirmou: "é difícil entender o mundo do pré-adolescente sem considerar o enorme impacto dos meios de comunicação em suas vidas. Eles concorrem com famílias, amigos, escolas e comunidades em sua capacidade de moldar valores, atitudes e interesses dos jovens adolescentes."[199] Infelizmente, a maioria dos interesses que a mídia formula é antissocial.

Uma publicação *online* postada pelo Sistema de Saúde da Universidade de Michigan, por exemplo, afirma que "literalmente milhares de estudos desde 1950 perguntaram se existe uma relação entre exposição da violência na mídia e comportamento violento. Todos os 18 responderam 'Sim'. (...) De acordo com a AAP (Academia Americana de Pediatria), 'o resultado de extensa pesquisa indica que a violência mostrada pela mídia pode contribuir para o comportamento agressivo, dessensibilização da violência, pesadelos e medo de ser machucado.'"[200]

Para entender o quanto as mentes jovens absorvem violência, considere a seguinte informação, parte daquela publicação: "uma criança norte-americana verá em média 200.000 atos violentos e 16.000 assassinatos na TV até seus 18 anos."[201] Se esse número não parece alarmante, considere que há 6.570 dias em dezoito anos. Isso significa que, em média, até a idade de 18 anos, uma criança terá sido exposta a pouco mais de trinta atos de violência transmitidos pela TV, 2.4 dos quais são assassinatos, *todos os dias da sua jovem vida.*

No mesmo tom, no livro *O Desenvolvimento Através da Vida: Uma Abordagem Psicossocial*, publicado em 2008, Barbara M. Newman, PhD, e Philip R. Newman descrevem como "a exposição por muitas horas à violência na televisão aumenta o repertório de comportamento violento entre as crianças jovens e aumenta a prevalência de sentimentos, pensamentos e ações de raiva. Essas crianças são apanhadas na fantasia violenta, participam da situação na televisão, enquanto assistem."[202] Se considerarmos que as crianças aprendem por imitação, podemos imaginar os danos irreversíveis que assistir a cenas de violência causam nelas.

Em um país capitalista, o governo não impõe leis que proíbem a violência na TV ou em outras mídias. Na melhor das hipóteses, o governo pode se esforçar para restringi-la, mas as estatísticas acima indicam claramente que esses esforços são grosseiramente ineficientes. A solução deve vir das pessoas, não do governo. As pessoas têm de decidir o que querem assistir na TV e fazer isso, elas devem decidir que tipo de pessoas querem ser, quais objetivos pretendem alcançar e, o mais importante, que tipo de adulto querem que seus filhos se tornem e em que tipo de mundo querem que eles cresçam.

Quando os pais decidirem que querem que seus filhos cresçam com um futuro promissor, que não querem que eles engrossem as fileiras cada vez maiores de jovens deprimidos (de acordo com o Centro Nacional de Informações sobre Saúde Mental) "um em cada cinco jovens, em determinado momento",[203] então a alteração será efetuada. TV, filmes, internet e todos os outros meios de comunicação de massa vivem e morrem por sua classificação. Quando os consumidores decidirem que querem meios de comunicação não violentos, em seguida produtores, escritores de roteiro e anunciantes vão saber como criar um novo repertório de filmes não violentos, que promovam o comportamento cooperativo, tal como mencionado na seção "Tomando a Lei da Natureza Como Guia".

A mídia é um veículo de aprendizagem e um veículo democrático no sentido de que ela realmente depende da aceitação dos telespectadores. Ainda que ela seja controlada por um número relativamente pequeno de pessoas com interesses próprios sobre o que colocar no ar e o que não colocar, no final das contas os meios de comunicação ainda exibem o que queremos ver, ou então a indústria iria à falência. Como a maioria das pessoas atualmente está mais narcisista do que nunca, então assim é a natureza dos programas dos meios de comunicação. E porque nós estamos nos tornando *cada vez mais* egoístas, a mídia, *cada vez mais*, atende aos valores do direito e do isolacionismo.

Isolacionismo e narcisismo, no entanto, são insustentáveis em um mundo interdependente. Eles são para a sociedade como o câncer é para o corpo. A solução, portanto, é encontrar uma maneira de aproveitar nossos desejos intensificados em direções socialmente produtivas, que ao fim são também pessoalmente gratificantes. Essa é a única maneira de subjugar nosso egoísmo e nos unirmos.

A solução que a Cabalá oferece é usar a consciência recém-adquirida do sistema global que é a humanidade e ensinar a lei da doação que a sustenta e (o mais importante) a meta da vida. O prêmio será, como dito anteriormente, "total poder, total consciência e total controle" (de nós mesmos, de nossa vida e do mundo). Isso, no entanto, somente ocorrerá se e quando *escolhermos* a união. Ao agirmos dessa forma, alcançaremos o objetivo da existência — o pensamento da Criação — e, unidos, nós nos tornaremos semelhantes ao nosso Criador.

E podemos optar por agir dessa maneira após muitas dolorosas "persuasões" da Natureza, ou após uma autopersuasão usando o ambiente, o princípio da imitação e a consciência de nossa interdependência social. No ensaio "A paz", Baal HaSulam descreve dois tipos de pessoas — aquelas que avançam em direção ao propósito da vida de boa vontade, com conhecimento de causa e colhem os benefícios; e aquelas que avançam contra sua vontade, sem conhecimento e colhem agonia. Em suas palavras, "há uma grande diferença e uma grande distância entre elas, isto é, 'consciente e inconscientemente'. As do primeiro tipo (...) ondas tempestuosas chegam sobre elas, a partir do vento forte do desenvolvimento e as empurra por trás, forçando-as a avançar. Assim, seu dever [o desenvolvimento em direção à realização da meta conscientemente] é cumprido contra a sua vontade e com fortes dores (...) que as empurram por trás. Mas o segundo tipo cumpre seu dever (...) por sua própria iniciativa, repetindo as ações que aceleram o desenvolvimento [imitação, influência do ambiente]. (...) Ele avança nesse sentido por sua própria vontade, com o espírito do amor. É desnecessário dizer que está livre de qualquer tipo de dor e sofrimento, como o primeiro tipo sofre", como também é desnecessário dizer que ele "Acelera [a realização da] meta desejada."[204]

[162] *The Interdependence Handbook: Looking Back, Living the Present, Choosing the Future*, ed. Sondra Myers and Benjamin R. Barber (NY: The International Debate Education Association, 2004), 14

[163] Gordon Brown speaks to Conference, *Labour* (September 23, 2008): http://www.labour.org.uk/gordon_brown_conference

[164] (ibid.)

[165] David W. Johnson and Roger T. Johnson, "An Educational Psychology Success Story: Social Interdependence Theory and Cooperative Learning," *Educational Researcher* 38 (2009): 365, doi: 10.3102/0013189X09339057

[166] Johnson and Johnson, "Educational Psychology Success Story," 366

[167] (ibid.)

[168] Johnson and Johnson, "Educational Psychology Success Story," 368

[169] (ibid.)

[170] (ibid.)

[171] Johnson and Johnson, "Educational Psychology Success Story," 371

[172] (ibid.)

[173] Ashlag, "Peace in the World," in *Kabbalah for the Student*, 89

[174] Sam Roberts, "To Be Married Means to Be Outnumbered, *The New York Times* (October 15, 2006): http://www.nytimes.com/2006/10/15/us/15census.html?_r=1&scp=2&sq=more%20unmarried%20couples%20than%20married%20couples&st=cse

[175] Yehuda Ashlag, *Kitvey Baal HaSulam* (*The Writings of Baal HaSulam*), "The Writings of the Last Generation," Part 1 (Israel: Ashlag Research Institute, 2009), 815

[176] (ibid.)

[177] Yehuda Ashlag, "What Is Habit Becomes a Second Nature in the Work," in *Shamati* (*I Heard*), trans. Chaim Ratz (Canada: Laitman Kabbalah Publishers, 2009), 38

[178] Ashlag, "Peace in the World," in *Kabbalah for the Student*, 89

[179] Yehuda Ashlag, *The Writings of Baal HaSulam* "The Nation," (Israel: Ashlag Research Institute, 2009), 494

[180] Ashlag, "Introduction to the Book, Panim Meirot uMasbirot" (Illuminating and Enlightening Face) in *Kabbalah for the Student*, 463

[181] Yehuda Ashlag, *Kitvey Baal HaSulam* (*The Writings of Baal HaSulam*), 44

[182] Werner Heisenberg, quoted by Ruth Nanda Anshen in *Biography of an Idea*, 224

[183] Christopher Lasch, *The Culture of Narcissism: American Life in an Age of Diminishing Expectations* (USA: Norton & Company, May 17, 1991)

[184] Jean M. Twenge and W. Keith Campbell, *The Narcissism Epidemic: Living in the Age of Entitlement* (New York: Free Press, A Division of Simon & Schuster, Inc. 2009)

[185] Joseph Valadez and Remi Clignet, "On the Ambiguities of a Sociological Analysis of the Culture of Narcissism" *Sociological Quarterly*, vol. 28, 4 (Dec. 1987): 455–472

[186] The Associated Press, "Isolationism soars among Americans" (March 12, 2009): http://www.msnbc.msn.com/id/34255911/ns/world_news/

[187] "Poll: 44% Americans see China as top economic power," *People's Daily* (December 04, 2009), http://english.peopledaily.com.cn/90001/90776/90883/6831907.html

[188] "A rising tide of hunger," *Los Angeles Times* (November 26, 2009): http://articles.latimes.com/2009/nov/26/opinion/la-ed-hunger26-2009nov26

[189] Jason DeParle, "Hunger in U.S. at a 14-Year High," *The New York Times* (November 16, 2009), http://www.nytimes.com/2009/11/17/us/17hunger.html

[190] Andrew Martin, "As Recession Deepens, So Does Milk Surplus, *The New York Times* (January 1, 2009), http://www.nytimes.com/2009/01/02/business/02dairy.html

[191] Rav Avraham Kook (The Raaiah), *Igrot* (*Letters*), Vol. 2, 226

[192] Ashlag, "Introduction to the Book, Panim Meirot uMasbirot" (Illuminating and Enlightening Face) in *Kabbalah for the Student*, 438

[193] Johnson and Johnson, "Educational Psychology Success Story," 372

[194] (ibid.)

[195] (ibid.)

[196] Johnson and Johnson, "Educational Psychology Success Story," 373

[197] Johnson and Johnson, "Educational Psychology Success Story," 374

[198] Jean M. Twenge, *Generation Me: Why Today's Young Americans Are More Confident, Assertive, Entitled--and More Miserable Than Ever Before* (USA: Free Press, March 6, 2007)

[199] U.S. Department of Education, "Media Guide—Helping Your Child Through Early Adolescence," http://www2.ed.gov/parents/academic/help/adolescence/index.html

[200] University of Michigan Health System, "Television and Children," http://www.med.umich.edu/yourchild/topics/tv.htm

[201] (ibid.)

[202] Barbara M. Newman and Philip R. Newman, *Development Through Life: A Psychosocial Approach* (Belmont, CA: Wadsworth Cengage Learning ,2008), 250

[203] "Major Depression in Children and Adolescents," http://www.mentalhealthcanada.com/ConditionsandDisordersDetail.asp?lang=e&category=68

[204] Ashlag, "The Peace," in *Kabbalah for the Student*, 273